Maravillas del español

Texto Guía
Volumen3

B1 del MCER

Ana Beatriz Chiquito

Jaime Naranjo

Dora Álvarez

Rosaura Gómez

Marta Restrepo

UNIVERSITETET I BERGEN

FONDO
EDITORIAL
UNIVERSIDAD
EAFIT

Maravillas del español   Producción de la Universitetet i Bergen (Bergen, Noruega) y la Universidad EAFIT (Medellín, Colombia).
Texto guía, volumen 3, nivel B1 del MCER

© Ana Beatriz Chiquito, Jaime Naranjo, Dora Álvarez, Rosaura Gómez, Marta Restrepo (autores)
© Universitetet i Bergen y Universidad EAFIT
www.uib.no / www.eafit.edu.co
Correo electrónico: spanish@eafit.edu.co

Directora general   Ana B. Chiquito

Consejo editorial   Juan Luis Mejía Arango
Rector Universidad Eafit, Medellín, Colombia
Academia Colombiana de la Lengua
Ana B. Chiquito
Catedrática Universidad de Bergen, Noruega
Elena M. Rojas Mayer
Catedrática Universidad Nacional de Tucumán, Argentina
Investigadora principal del CONICET
Academia Argentina de Letras
Miguel Ángel Quesada Pacheco
Catedrático Universidad de Bergen, Noruega
Universidad de Costa Rica, Costa Rica
Academia Costarricense de la Lengua
Correspondiente de la Real Academia Española

http://www.eafit.edu.co/maravillas-espanol3

Comité administrativo   Juan Guillermo Arango
Dora Isabel Morales

Diseño gráfico y diagramación   Juan Guillermo Ordóñez

Ilustración   Óscar Gómez

Reimpresión   2015, 2017

Los créditos a las fotografías se encuentran detallados en la última página del texto.

Maravillas del español : tomo III / Ana Beatriz Chiquito ... [et al.]. --
Medellín : Fondo Editorial Universidad EAFIT, 2013.
110 p. : il., fots. ; 28 cm . + 1 libro de actividades + Cd
ISBN 978-958-720-107-9 (Obra completa)
ISBN 978-958-720-148-2 (Texto guía)
ISBN 978-958-720-149-9 (Manual de actividades)
ISBN 978-958-720-150-5 (CD de audio)
  1. Español - Enseñanza 2. Español - Enseñanza - Libros de texto
3. Español - Enseñanza - Guías I. Chiquito, Ana Beatriz.
460.7 cd 21 ed.
A1382202

CEP-Banco de la República-Biblioteca Luis Ángel Arango

Autores

Ana Beatriz Chiquito. Es Máster en Ciencias Sociales de la Universidad de Bergen, Pedagoga certificada de la misma universidad y C.Ph. de la Universidad de Oslo. Es profesora de Español en el Departamento de Leguas Extranjeras de la Universidad de Bergen (Noruega). Desde 1994 ha estado afiliada como investigadora invitada al CECI, del Massachusetts Institute of Technology (MIT). Tiene una amplia experiencia en el desarrollo de currículos para la enseñanza de lenguas y desarrollo de programas de aprendizaje virtual (e-learning) mediante el uso de tecnologías de la comunicación.

La profesora Chiquito es asesora en la aplicación de los estándares internacionales en la enseñanza de lenguas extranjeras, tales como los del Marco Común Europeo de Referencia para las lenguas (MCER, por su sigla en inglés) y el del Concilio Americano para la Enseñanza de Lenguas Extranjeras (ACTFL, por su sigla en inglés). Ha sido profesora en diversas universidades de Ecuador, Chile, Colombia, Estados Unidos y Noruega. Ha desarrollado diversas aplicaciones virtuales para la enseñanza del Español como segunda lengua y es autora de varias gramáticas del español y numerosos libros de texto para la enseñanza del Español como segunda lengua, entre los que se destacan: Spansk referansegrammatikk para hablantes de noruego. Para hablantes de inglés, Caminos y Reflejos (nivel universitario y secundario), publicados por Cengage (Boston, Estados Unidos), de los cuales se han publicado varias ediciones, y Exprésate, publicado por Houghton Mifflin Harcourt (Austin, Estados Unidos).

Jaime Alberto Naranjo Hernández. Es Licenciado en Educación en Idiomas, de la Universidad de Antioquia; Especialista en Negocios internacionales, de la Universidad Eafit, y Magíster en Estudios del Español y Estudios Latinoamericanos, de la Universidad de Bergen (Noruega). Se ha desempeñado como docente de Inglés, Francés y Español para extranjeros, en Colombia e Inglaterra. Ha sido Coautor de Getting Started, libro de principiantes en inglés de la Universidad EAFIT, y de Spanish Dip, tutorial en Multimedia para el aprendizaje de Español, de la Universidad de Derby, Inglaterra. Actualmente es Coordinador Académico del Centro de Idiomas de la Universidad Eafit.

María Rosaura Gómez Elguedo. Es Licenciada en Idiomas, Español e Inglés de la Universidad de Antioquia (Medellín, Colombia) y Magíster en Educación de la Pontificia Universidad Javeriana, (Bogotá, Colombia). Se ha desempeñado como Coordinadora del Programa de Español para Extranjeros, de la Universidad EAFIT. Actualmente trabaja en la Universidad EAFIT como Profesora de Español para Extranjeros y es Representante de EAFIT ante el SICELE.

Dora Amparo Álvarez. Es Licenciada en Idiomas, de la Universidad de Antioquia; Especialista en la enseñanza del Inglés, de la Universidad Pontificia Bolivariana; TEFL, Malta; y Diplomada en Gramática española de la Universidad Pontificia Bolivariana. Se ha desempeñado como: profesora de Inglés en la Universidad de Antioquia, instructora de Inglés para pilotos y auxiliares de vuelo y coordinadora del área de Inglés del colegio Santa Juana de Lestonnac, entre otros. Actualmente es profesora del Programa de Español para Extranjeros de la Universidad EAFIT, de Medellín, Colombia.

Marta Lucía Restrepo Bravo. Es Comunicadora Social-Periodista de la Universidad Pontificia Bolivariana. Es profesora virtual de Español del Instituto de Lenguas Extranjeras de la Universidad de Bergen; conferenciante de talleres y seminarios de redacción en la Universidad EAFIT; editora, correctora de estilo y ortotipográfica de diversas publicaciones y columnista del periódico Vivir en El Poblado. Se ha desempeñado como profesora de: Español, en el Centro de Idiomas de la universidad Eafit; Teoría de la Comunicación, en la Universidad Pontificia Bolivariana, y Taller de Medios VI, en la Universidad de Antioquia. Ha sido editora del periódico El Signo Vital (Assosalud), Balance Social del Cendex (Pontificia Universidad Javeriana) y EAFIT virtual. Se ha desempeñado como correctora de estilo y ortotipográfico de la Universidad de Bergen, de la Asociación Colombiana de Angiología y Cirugía Vascular y del Fondo Editorial de la Universidad EAFIT, entre otros. Ha sido corresponsal de televisión para diferentes medios nacionales y periodista de radio, prensa escrita y revistas.

Diseño gráfico y diagramación

Juan Guillermo Ordóñez Suárez. Es Diseñador Gráfico de la Universidad Pontificia Bolivariana de Medellín. Cursó la Maestría en Estética, línea: La Cultura de la Metrópolis Latinoamericana en la Facultad de Ciencias Humanas y Económicas de la Universidad Nacional de Colombia, sede Medellín. Fue distinguido como becario del Gobierno Real de Los Países Bajos para el International Course on Graphic Design, en el Graphic Media Development Centre, en La Haya, Holanda. Formó parte del equipo de trabajo del Departamento de Arte del periódico El Colombiano como diseñador gráfico e infografista. Se desempeñó como diseñador, ilustrador y editor gráfico de los libros Crecer y aprender 1 y 2. Serfín Educativo, en Medellín. Ha diseñado e ilustrado cartillas para el Parque Interactivo de Ciencia y Tecnología Neomundo, de Bucaramanga. Actualmente se desempeña como diseñador y artista gráfico independiente.

Ilustración

Óscar Gómez. Es Publicista de la Universidad Pontificia Bolivariana. Se ha especializado en ilustraciones en las que mezcla medios análogos y digitales. Desde el año 2000 se ha desempeñado como publicista e ilustrador independiente en múltiples proyectos en este ramo. Es diseñador de empaques. Es docente universitario en las áreas de ilustración, diseño de empaques y campañas publicitarias, en la Escuela de Diseño en Medellín.

Maravillas del Español
Introducción

Maravillas del Español es un innovador programa de introducción al español, basado en metodologías comunicativas para la enseñanza del idioma, el cual se ha diseñado para convertir la clase en un entorno de inmersión hispano mediante el uso de herramientas que permiten desarrollar el proceso de enseñanza-aprendizaje en cualquiera de los formatos de clase modernos: presencial, mixta (presencial y en la red) o solamente por la red.

Este novedoso método de español como lengua extranjera proporciona múltiples oportunidades para aprender a comunicarse exitosamente en español. *Maravillas del Español* desarrolla la competencia comunicativa a través de estrategias interactivas de comprensión y expresión útiles y concretas para comunicarse en español, con éxito. El programa está estructurado de modo que el alumno desarrolle las cuatro habilidades esenciales en el aprendizaje de una lengua extranjera: la comprensión oral (o escucha), el habla, la lectura y la escritura. Al mismo tiempo, se hace énfasis en las áreas de gramática, vocabulario y pronunciación presentándolas en contextos culturales relevantes y entretenidos para el estudiante. Las competencias receptivas y productivas se presentan en un contexto lingüístico y cultural *panhispánico* que pone al estudiante en contacto con las diferentes regiones hispanohablantes. De este modo, el programa proporciona una experiencia de inmersión única en su autenticidad.

Maravillas del Español usa activamente la narrativa como hilo conductor en todos los capítulos, para darles vida a las estrategias comunicativas. A través de dos historietas: *Viajeros* y *Amor, ciencia y misterio en el Darién,* se presentan el idioma y la idiosincrasia del mundo hispano con personajes cercanos a la realidad del entorno hispanohablante.

Maravillas del Español usa las más avanzadas tecnologías con el fin de optimizar el aprendizaje y, al mismo tiempo, de convertirlo en una experiencia entretenida y variada. El método busca que el estudiante *aprenda haciendo,* para comunicarse en español oralmente y por escrito, de manera interactiva con los temas tratados en los textos, las grabaciones, los videos y los materiales impresos y electrónicos.

Maravillas del Español abarca los cuatro primeros niveles de suficiencia según los lineamientos del *Marco Común Europeo de Referencia* (MCER: A1 a B2) y aporta el contenido necesario para presentar los exámenes de mayor reconocimiento en el medio como son el Diploma de Español como Lengua Extranjera (DELE). El programa armoniza así mismo con los estándares norteamericanos de ACTFL sobre *Las cinco C* de la Educación en Lenguas Extranjeras (Comunicación, Culturas, Conexiones, Comparaciones y Comunidades), por cuanto desarrolla la comunicación, eje central de la serie, enseña los aspectos culturales más relevantes, conecta la lengua con otras áreas del conocimiento, permite la comparación de aspectos culturales y lingüísticos de los estudiantes y crea comunidades a través del blog y de la promoción del aprendizaje constante.

Estructura del programa

La estructura de *Maravillas del Español* es flexible y fácil de usar y se organiza en 24 capítulos, los cuales coinciden con los primeros cuatro niveles del MCER:

Capítulo	Nivel MCER
1	
2	
3	A1
4	
5	
6	
7	
8	
9	A2
10	
11	
12	

Capítulo	Nivel MCER
13	
14	
15	B1
16	
17	
18	
19	
20	
21	B2
22	
23	
24	

Componentes

Maravillas del Español contiene los siguientes componentes:

- *Texto Guía* impreso, con clave de ejercicios

- *Manual del Estudiante* impreso, con clave de ejercicios

- *Portal de Internet* con los siguientes componentes electrónicos:
  - Actividades y audio del *Texto guía*
  - Actividades y audio del *Manual del Estudiante*
  - *AudioNovela* con audio, dibujos y actividades
  - *Gramática y Vocabulario* de referencia para el estudiante

Texto guía

Cada uno de los 24 capítulos del libro impreso desarrolla una unidad temática en un contexto cultural específico y contiene las estrategias, las estructuras y el vocabulario necesarios para expresarse sobre tópicos y situaciones de la vida diaria. Los objetivos pedagógicos y funcionales se describen en la apertura del capítulo, donde también aparece el índice de sus tres secciones principales:

■ **Competencias comunicativas:** contiene *Viajeros*, la entretenida historia de dos estudiantes extranjeros que viajan a través de todos los países hispanohablantes, incluyendo los Estados Unidos. Sus aventuras y experiencias invitan al estudiante a que practique el idioma de una manera activa con vocabulario y estructuras diseñadas para este propósito.

■ **Competencias léxicas y gramaticales:** contiene tres apartados, y la doble página de cada uno presenta una función comunicativa relacionada con el tema del capítulo. De esta manera, todos los componentes de vocabulario y gramática están a la vista del estudiante. Sin necesidad de pasar la página, se tienen así los elementos necesarios para expresarse rápida y fácilmente sobre un tema específico.

■ **Competencias interculturales de comprensión y expresión:** tiene tres partes. La primera, presenta una síntesis de la *AudioNovela Amor, ciencia y misterio en el Darién,* con sus actividades correspondientes. La *AudioNovela* tiene una versión más amplia, la cual se puede seguir completa en la red. La segunda sección, *Pronunciemos,* contiene aspectos prácticos de la fonética española con actividades prácticas de escucha y pronunciación. El tercer componente es *Cultura Viva, Maravillas del Mundo Hispano,* con notas culturales sobre los países hispanohablantes.

Al final de cada nivel (A1, A2, B1, B2), *Maravillas del Español* presenta las claves de las actividades y un compendio gramatical con los temas principales que se estudian en cada uno, así como un glosario bilingüe español-inglés con el vocabulario activo trabajado en el nivel correspondiente.

Manual del estudiante

Cada capítulo del *Manual del estudiante* retoma los temas tratados en el texto guía, promoviendo así el autoestudio y la práctica independiente. Las actividades corresponden a cada uno de los capítulos del texto guía y se organizan en las siguientes secciones:

■ **Repasemos:** vuelve sobre el tema gramatical más relevante del capítulo anterior. También refuerza el vocabulario y expande la trama de *Viajeros.*

■ **Actividades de refuerzo:** Sus siete páginas de actividades afianzan los temas estudiados en el texto guía y siguen la misma estructura, para facilitarle al estudiante la práctica de todo lo que se ha presentado.

■ **Aprendamos sobre…:** es una sección que utiliza el idioma como herramienta de acceso al conocimiento en diferentes disciplinas (geografía, deportes, arquitectura, etc.)

■ **Ahora sé…:** es la sección de autoevaluación, según los objetivos específicos del capítulo. De esta manera el estudiante puede evaluar su progreso en el aprendizaje del español.

Portal de Internet

En el portal de Maravillas del Español el estudiante encontrará un apoyo para su aprendizaje a través de:

La **AudioNovela Amor, Ciencia y Misterio en el Darién.** Es una historieta en 24 capítulos de un drama para escuchar, ilustrado con dibujos que muestran los aspectos principales de la trama. La historia transcurre en la ciudad y en la selva, por las cuales tiene que viajar Carmen, la heroína, quien busca a un científico desaparecido. Varios personajes le ayudan en su aventura, llena de situaciones inesperadas y entretenidas.

Allí podrán escuchar cada episodio para seguir la trama, reforzar el idioma visto en el texto guía y exponerse a diferentes acentos del mundo del español. En el libro impreso se presenta una sinopsis que invita a que el estudiante la vea en su totalidad en la versión en la red.

El vocabulario y la gramática de la AudioNovela tienen dos niveles. El nivel básico es el mismo que contiene el texto guía, mientras que el avanzado amplía el vocabulario y las estructuras gramaticales para los estudiantes que ya posean o deseen alcanzar un nivel de suficiencia más avanzado. Las personas que quieran reactivar sus conocimientos de español o que tengan ya conocimientos de español pueden aprovechar este recurso electrónico de Maravillas del Español, para avanzar más rápidamente en sus estudios.

http://www.eafit.edu.co/maravillas-espanol3

Viajeros, una entretenida historieta, presenta el idioma a través de dos estudiantes de español que hacen un recorrido por los países hispanohablantes, desde Estados Unidos hasta Argentina y España. Los estudiantes viajan en busca de material para sus tesis de estudio, pero se encuentran envueltos en una romántica historia y un interesante drama sobre un tesoro.

Viajeros
¡Es imposible que no exista ningún tesoro!

Llegó la hora de la verdad: los tres viajeros están en Santiago de Chile y están a punto de comprobar si la historia del tesoro es ficción o es realidad. Las autoridades de este país autorizan a Inger para que haga las excavaciones a los pies de uno de los moáis de la isla de Pascua, pero en compañía de un arqueólogo experto. Los trámites toman quince días, así que aprovechan para conocer Santiago. Ellos todavía no lo saben, pero la Isla de Pascua les guarda sorpresas…

Inger: ¡No creo que pueda dormir en las próximas dos semanas! ¡Estoy tan emocionada! Deberías venir con nosotras. Serías una excelente compañía.

Mikkel: Había dicho que no iría, pero cambié de opinión. Claro que iré. Ya está muy cerca el desenlace, y no veo la hora de sentarme a escribir la crónica de este exótico viaje.

Inger: ¡Es imposible que no exista ningún tesoro! Qué tal que encontremos un cofre lleno de hermosas joyas y piezas antiguas enterradas allí desde hace siglos por nuestro pirata.

Mikkel: No creo que vayamos a encontrar ni un gran tesoro ni baúles con joyas.

Inger: Podríamos llevarnos una sorpresa…

Mikkel: Te propongo que, en lugar de hacer especulaciones, aprovechemos este tiempo para investigar acerca de Pablo Neruda, Gabriela Mistral y José Donoso.

Inger: ¡Vamos también al Museo de Arte Contemporáneo! Hay una retrospectiva de los pintores chilenos más importantes.

Mikkel: Y dentro de quince días nos vamos para la Isla de Pascua. ¿Por qué tu tatarabuelo elegiría un lugar tan lejano para ocultar un tesoro?

Inger: ¡Mira los moáis! Son asombrosos. Quizás sean los guardianes del tesoro. Ahora entiendo por qué mi tatarabuelo los eligió.

Mikkel: A ver… Tres pasos hacia el poniente de agosto, cuatro hacia la Estrella del Norte… Avanzar hasta quedar a cuarenta yardas del guardián que reposa entre el tercer caballero y el quinto…

Arqueólogo: Miren estas piedras; es muy posible que este sea el lugar que indica la equis del mapa. ¿Podrían ayudarme a excavar?

Mikkel: ¿Qué es eso? ¡Es un cofre antiguo! No lo puedo creer…

Inger: ¡Un cofre! ¡Un cofre! ¡Abrámoslo!

Mikkel: ¡Qué raro! No pesa casi nada… ¡Miren! ¡Esto no es ningún tesoro! ¡Sólo hay un escudo de armas oxidado, un casco de vikingo y una brújula!

Arqueólogo: Ojalá que estas piezas tengan algún valor… También hay un paquete…

Inger: ¡¿Qué tendrá por dentro?!

Practiquemos

1 **ELIGE la oración que mejor resuma cada escena del capítulo:**

Escena 1
1. Los tres personajes comentan sobre el contenido de un cofre de José Donoso.
2. Los personajes discuten sobre la veracidad de la historia del tesoro.
3. Los personajes acuerdan ir al museo de Pablo Neruda.

Escena 2
1. Descubren lo asombroso de las estatuas números tres y cinco.
2. Con la ayuda de un astrólogo, tratan de ubicar la Estrella del Norte.
3. Con la presencia del arqueólogo, tratan de ubicar el punto exacto del tesoro en la Isla de Pascua.

Escena 3
1. Encuentran un cofre muy pesado con objetos antiguos.
2. Encuentran un cofre que contiene objetos y un paquete no identificado.
3. No encuentran nada.

XII *Página treinta*   *Artes, letras y medios • Capítulo 15*

Actividades de comprensión de *Viajeros*.

Guía de uso

Frase guía que da un ejemplo de la estructura y de la situación comunicativa de la sección del capítulo.

Función comunicativa de la sección.

Te aconsejo que hagas ejercicio
Aconsejar e nfluir

Consejos de médico.

LEE y RECONSTRUYE el diálogo. IMAGINA los síntomas que mencionó la paciente al médico.

> Debes bajar de peso. **Te aconsejo que hagas ejercicio**, que **comas** comida más saludable y que **trates** de evitar el estrés.

Presentación del **vocabulario** en forma contextualizada, funcional y entretenida.

Gramática — Verbos para influir en el otro

Para recomendaciones, consejos u órdenes, usamos el presente de subjuntivo	
El doctor me	*aconseja* que coma menos sal.
	recomienda que baje de peso.
	sugiere que practique algún deporte.
	dice que reduzca la grasa
	manda que duerma más.
	pide que no fume.
	exige que controle mi presión.
	prohíbe que tome licor.
	ordena que asista a las terapias.
Otras maneras de aconsejar, a modo de pregunta	¿Por qué no tratas de relajarte?
	¿Qué tal si tratas de relajarte?
	¿Qué tal si te relajas?

Practiquemos. Actividades de los temas tratados en la sección.

Practiquemos

10 DISCUTE con tus compañeros y ESCRIBE recomendaciones para cada uno.

Problema	Recomendación
Me duele mucho el estómago.	Te recomiendo que consultes al médico.
Tengo dolor de cabeza.	
Tengo fiebre.	
Tengo mucha tos.	
Me duele la espalda.	
Me duele mucho una muela.	

11 ESCUCHA los problemas de cada persona y ESCRIBE la letra que expresa el consejo más apropiado:

Situación | Consejo
1._____ | **a.** Reduzca la sal en tus comidas.
2._____ | **b.** Cambie su dieta. Coma más frutas y verduras.
3._____ | **c.** Haga ejercicio dos veces por semana.
4._____ | **d.** Tome clases de yoga y salga más con sus amigos.
5._____ | **e.** Tome un baño caliente antes de acostarse.

Las actividades en parejas o en grupos promueven la interacción entre los estudiantes.

Los ejercicios de **comprensión oral** desarrollan esta habilidad con temas tratados en el capítulo.

Presentación y explicación de los contenidos **gramaticales** de la sección.

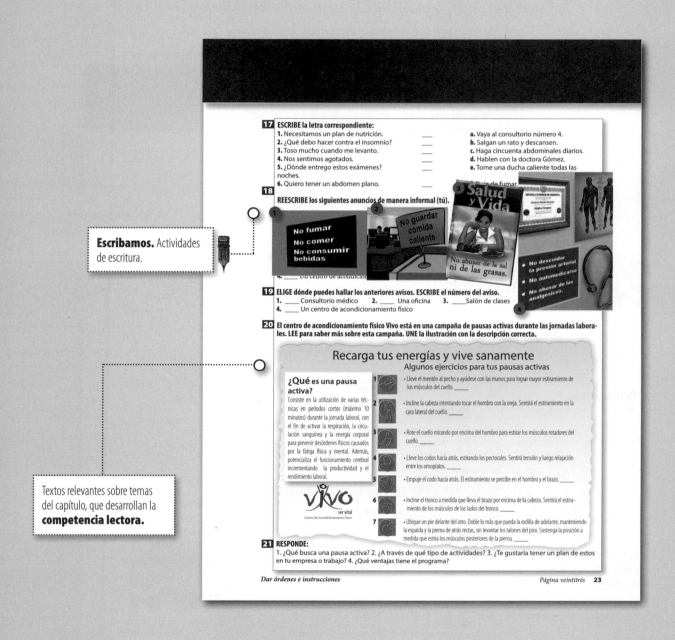

Escribamos. Actividades de escritura.

Textos relevantes sobre temas del capítulo, que desarrollan la **competencia lectora.**

17 ESCRIBE la letra correspondiente:

1. Necesitamos un plan de nutrición. ___
2. ¿Qué debo hacer contra el insomnio? ___
3. Toso mucho cuando me levanto. ___
4. Nos sentimos agotados. ___
5. ¿Dónde entrego estos exámenes? ___
noches.
6. Quiero tener un abdomen plano. ___

a. Vaya al consultorio número 4.
b. Salgan un rato y descansen.
c. Haga cincuenta abdominales diarios.
d. Hablen con la doctora Gómez.
e. Tome una ducha caliente todas las

18 REESCRIBE los siguientes anuncios de manera informal (tú).

19 ELIGE dónde puedes hallar los anteriores avisos. ESCRIBE el número del aviso.

1. ____ Consultorio médico 2. ____ Una oficina 3. ____ Salón de clases
4. ____ Un centro de acondicionamiento físico

20 El centro de acondicionamiento físico Vivo está en una campaña de pausas activas durante las jornadas laborales. LEE para saber más sobre esta campaña. UNE la ilustración con la descripción correcta.

Recarga tus energías y vive sanamente
Algunos ejercicios para tus pausas activas

¿Qué es una pausa activa?

Consiste en la utilización de varias técnicas en períodos cortos (máximo 10 minutos) durante la jornada laboral, con el fin de activar la respiración, la circulación sanguínea y la energía corporal para prevenir desórdenes físicos causados por la fatiga física y mental. Además, potencializa el funcionamiento cerebral incrementando la productividad y el rendimiento laboral.

ViVO
ser vital
Centro de Acondicionamiento Físico

1 • Lleve el mentón al pecho y ayúdese con las manos para lograr mayor estiramiento de los músculos del cuello. ____

2 • Incline la cabeza intentando tocar el hombro con la oreja. Sentirá el estiramiento en la cara lateral del cuello. ____

3 • Rote el cuello mirando por encima del hombro para estirar los músculos rotadores del cuello. ____

4 • Lleve los codos hacia atrás, estirando los pectorales. Sentirá tensión y luego relajación entre los omoplatos. ____

5 • Empuje el codo hacia atrás. El estiramiento se percibe en el hombro y el brazo. ____

6 • Incline el tronco a medida que lleva el brazo por encima de la cabeza. Sentirá el estiramiento de los músculos de los lados del tronco. ____

7 • Ubique un pie delante del otro. Doble lo más que pueda la rodilla de adelante, manteniendo la espalda y la pierna de atrás rectas, sin levantar los talones del piso. Sostenga la posición a medida que estira los músculos posteriores de la pierna. ____

21 RESPONDE:

1. ¿Qué busca una pausa activa? 2. ¿A través de qué tipo de actividades? 3. ¿Te gustaría tener un plan de estos en tu empresa o trabajo? 4. ¿Qué ventajas tiene el programa?

Dar órdenes e instrucciones   *Página veintitrés*   **23**

Guía de uso

Amor, ciencia y misterio en el Darién es una AudioNovela de 24 episodios que narra las aventuras de Carmen, quien busca a un científico perdido en la selva.

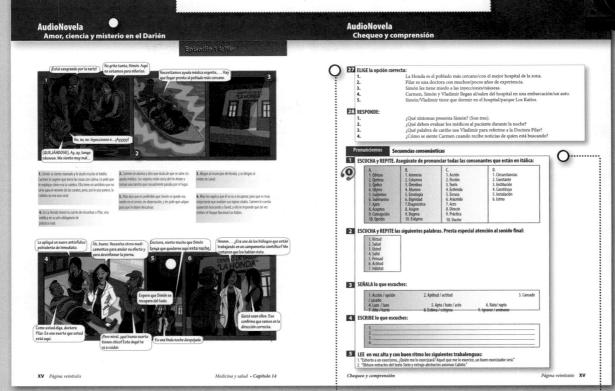

Actividades de **comprensión** de la AudioNovela y su vocabulario.

La sección **Pronunciemos** aporta elementos necesarios para una correcta producción de los sonidos y las oraciones del español.

Cultura viva presenta los contenidos culturales más relevantes de los países hispanohablantes.

Almanaques presenta información política y demográfica de cada uno de los países hispanohablantes.
El orden de presentación coincide con el país en el que se desenvuelve la historia de Viajeros.

Maravillas del mundo hispano presenta información de los países hispanos sobre personajes y temas culturales.

Capítulo P

Contenido

Preparativos

Capítulo 13

Vida sana

Medicina y salud

Capítulo 14

Artes, letras y medios: cultura de Hispanoamérica

Capítulo 15

Mundo virtual

Capítulo 18

Mujer indígena

C4

Países de habla hispana

Estados Unidos

España

México

Cuba

República Dominicana

Puerto Rico

Honduras

Guatemala

El Salvador

Nicaragua

Costa Rica

Panamá

Venezuela

Colombia

Guinea Ecuatorial

Ecuador

Perú

Bolivia

Paraguay

Chile

Uruguay

Argentina

Preparativos

Capítulo

P

Machu Picchu, Perú

Historieta Viajeros
Resumen de los capítulos 7 al 12

La historia y sus protagonistas

Viajeros es la historia de tres jóvenes, Mikkel Meling, Hedda Andreassen e Inger Soler. Los tres amigos viajan juntos por Hispanoamérica, España y los Estados Unidos recogiendo datos para sus tesis de grado.

Capítulo 7

Después de que Hedda y Mikkel pasan por los países centroamericanos, llegan a Panamá para tomar un descanso. Allí reciben una noticia del tesoro del tatarabuelo de Inger, la novia de Mikkel. Mauricio Cao, un exnovio cubano de Hedda, confirma la existencia del tesoro a través de un documento con una nota en su interior y una pista para llegar al mapa. Debían ir a Bogotá a buscar el libro *Lo oculto y lo misterioso*.

Capítulo 8

Los dos amigos viajan en barco de Panamá a Cartagena de Indias, Colombia, donde conocen el castillo de San Felipe y sus maravillosas historias de piratas y el centro histórico de la ciudad. Allí tienen un contratiempo con el equipaje de Hedda, porque piensan que se ha extraviado y con él, el trabajo de su tesis; pero finalmente aparece.

Capítulo 9

Hedda y Mikkel van a Medellín y deciden luego volar a Nuquí en el departamento de Chocó en Colombia. El objetivo es ver las famosas ballenas que cada año llegan al Pacífico colombiano. Mikkel toma notas para escribir sus crónicas. Esa misma noche, mientras Mikkel asiste a una tradicional boda chocoana, Inger avanza en la investigación sobre el tesoro de su tatarabuelo, Don Máximo Quesada.

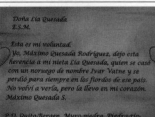

Capítulo 10

Hedda y Mikkel deciden viajar a Bogotá para confirmar las pistas sobre el tesoro que Mauricio Cao les dio. En la biblioteca Nacional encuentran el libro *Lo oculto y lo misterioso* y dentro del libro una carta en español antiguo escrita por Don Máximo Quesada y dirigida a la abuela de Inger. En la carta, él habla sobre una herencia que deja a su nieta Lía Quesada, quien se casó con un noruego y vive en Bergen, Noruega. Fotocopian la carta y se van felices para darle la noticia a Inger.

Capítulo 11

Con la copia de la carta en Quito, Inger va donde un experto a identificar las pistas. Bergen es también una finca cerca a Quito. Ella va con su amiga china, Jiamei. Encuentran una caja de madera y dentro de ella un mapa con una carta escrita a mano por Cowley, en donde afirma que el tesoro lo han guardado los moais debajo de los pies de uno de ellos. Inger la escanea y se la envía a su abuela. Lía no le da importancia y le dice que su tatarabuelo era un soñador y que tal vez se trataba de una broma..

Capítulo 12

Mikkel e Inger se encuentran en la terminal de buses de Quito. Él y Hedda están muy curiosos por ver el mapa que Inger ha descubierto en la finca. Les revela que el tesoro no está en Ecuador, sino en Chile, en la isla de Pascua y que Cowley se refería a los moais de esa isla. Sufren una desilusión muy grande porque al llegar al hotel, se dan cuenta de que el mapa había desaparecido. Inger decide quedarse a investigar, mientras que Hedda y Mikkel continúan su viaje a Perú en donde esperarán a Inger.

En los próximos capítulos, los protagonistas van a conocer nuevos lugares, a vivir intensas experiencias y van descubrir cosas inesperadas.

Preparativos • Capítulo Preliminar

AudioNovela

El científico David García está perdido en la selva del Chocó, Colombia, y Carmen, su amiga, decide buscarlo; así que contrata a Vladimir, un detective privado. El periodista Simón Acero quiere obtener información sobre la desaparición del científico y decide seguirlos de cerca.

Carmen y Vladimir visitan a Magdalena, una adivina, allí recopilan información clave para dar con la ubicación de David y deciden emprender su viaje hacia el Chocó. Una vez en Quibdó, se abastecen de provisiones e inician su viaje hacia Riosucio, sin sospechar que Simón los sigue de cerca. Carmen divisa en el pueblo al Profesor Alvarado, quien, extrañamente, lleva un maletín, Carmen decide preguntarle por David y su posible ubicación sin obtener una respuesta concreta que la deja preocupada. Simón, por su parte, contrata a Baltasar, uno de los mejores baquianos de la región, para que le ayude con su viaje y obtener así su tan preciado reportaje. Carmen y Vladimir, seguidos por Simón, se adentran en la selva y son sorprendidos por una fuerte tormenta que inunda el lugar y pone en peligro a Simón. Este es finalmente salvado por Carmen y Vladimir. Con la información que reciben de Simón, ellos continúan su camino en busca de David porque saben que deben encontrarlo antes de que sea demasiado tarde.

Practiquemos

1 **Viajeros. MARCA con una X la respuesta correcta.**

1. La primera noticia sobre el tesoro la reciben en…
   a. Medellín   **b.** Panamá   **c.** Cartagena

2. La primera pista se encuentra en…
   a. la isla de Pascua   **b.** Panamá   **c.** Bogotá

3. Hedda y Mikkel pueden observar el espectáculo de las ballenas en …
   a. Nuquí   **b.** Cartagena   **c.** Panamá

4. La abuela de Inger, Lía, vive en…
   a. Quito   **b.** Bergen   **c.** Chile

5. La carta que encontró Inger en la finca cercana a Quito la firmó…
   a. Don Máximo Quesada   **b.** Mauricio   **c.** Cowley

6. El tesoro se encuentra en …
   a. Ecuador   **b.** Chile   **c.** Perú

7. Inger decide quedarse en Ecuador para……el mapa.
   a. escanear   **b.** enviar   **c.** buscar

2 **RESPONDE falso (F) o verdadero (V). CORRIGE las oraciones falsas.**

1. Mauricio Cao les recomienda ir a Panamá para buscar pistas. _____

2. En Cartagena, Inger pierde su equipaje. _____

3. En esta ciudad, escuchan fabulosas narraciones sobre piratas. _____

4. En Nuquí, Colombia, Hedda y Mikkel cumplen sus sueños de ver las famosas ballenas. _____

5. La carta estaba escrita en el libro *Lo oculto y lo misterioso*. _____

6. La nieta de Lía Quesada recibe una herencia. _____

7. Inger y Jiamei encuentran una pista en una finca de Bergen, Noruega. _____

8. Por ser su abuelo un soñador, Lía hace caso omiso a la noticia de la carta. _____

9. Inger les lleva el mapa a la terminal de buses. _____

10. Inger se queda en Ecuador para buscar el mapa extraviado. _____

11. El tesoro es una realidad y deben buscarlo en Chile continental. _____

3 **UNE las oraciones de la columna izquierda con las de la columna de la derecha.**

Los protagonistas

1. Baltasar   **a.** les suministra datos importantes sobre el lugar en el que se encuentra David. ____
2. David   **b.** van a la selva del Darién a rescatar a David. ____
3. Simón   **c.** es el guía que contrata Simón para su viaje por la selva. ____
4. Magdalena   **d.** no contesta claramente al interrogatorio que le hace Carmen sobre la localización de David. _____
5. Profesor Alvarado   **e.** está perdido y en peligro en la selva del Darién. ____
6. Carmen y Vladimir   **f.** persigue en secreto a Carmen y a Vladimir para obtener información sobre la desaparición del científico David. ____

4 **Según la AudioNovela, RESPONDE verdadero (V) o falso (F). CORRIGE las oraciones falsas.**

1. Carmen y Vladimir visitan a Magdalena para saber sobre su suerte. ____

2. Ellos no sabían que Simón los seguía de cerca. ____

3. Simón quiere hacer una crónica sobre este secuestro. ____

4. Vladimir y Carmen compran provisiones en Riosucio. ____

5. Carmen y Baltasar rescatan a Simón de morir en la selva. ____

5 **ESCRIBE el nombre de la persona que realiza la acción en la historia de la AudioNovela.**

1. Casi muere ahogado en la selva. _____

2. Le sirvió de guía a Simón en su travesía por la selva. _____

3. Les da información a Vladimir y a Carmen sobre el lugar donde se encuentra David. _____

4. No le da una respuesta clara a Carmen sobre David y lo hace sospechoso de algo extraño. _____

5. Está decidida a encontrar en la selva a su querido amigo. _____

Vida sana

Capítulo 13

Catedral de Lima, Plaza de Armas, Perú

Viajeros: *¿Qué se hizo el mapa?*

	Competencias comunicativas	Competencias léxicas y gramaticales
Vida sana	• Hablar sobre los hábitos de una vida saludable	• Vocabulario sobre salud y bienestar
Que tengas un buen día	• Expresar deseos	• El presente de subjuntivo: verbos regulares
Nos alegra que digas eso	• Expresar sentimientos y emociones	• El presente de subjuntivo: verbos con cambios vocálicos (I)
Me molesta que fumes	• Expresar preferencias y opiniones	• El presente de subjuntivo: verbos con cambios vocálicos (II)
No creo que sea posible	• Expresar dudas y probabilidad	• El presente de subjuntivo: verbos irregulares

Competencias interculturales de comprensión y expresión

AudioNovela	• Episodio 13: **Peligro inesperado**	• Chequeo y comprensión
Pronunciemos	• Diptongos y hiatos	• **Practicar la pronunciación de vocales seguidas**
Cultura viva	• Gastronomía peruana	• Platos nacionales del Perú
Maravillas del mundo hispano	• Maravillas del Perú	• Las Líneas de Nazca

Viajeros
¿Qué se hizo el mapa?

Inger y Mikkel están disfrutando de su estadía en Cuenca, pero ella está muy decepcionada porque la historia del tesoro tal vez es una leyenda o un invento de su tatarabuelo Don Máximo Quesada. Además, a ella se le perdió el mapa. Por esta razón, Inger piensa que es mejor quedarse allí y buscarlo, mientras que Mikkel y Hedda continúan su viaje hacia Chile.

Mikkel: Me preocupa que te enfermes. Estás muy estresada por haber perdido el mapa de la historia de Don Máximo y su tesoro.

Inger: Es mejor que se vayan sin mí, quiero encontrar ese mapa.

Mikkel: No me parece una buena idea que te quedes sola.

Inger: De todos modos, tengo que quedarme; aún no he ido a visitar un sitio arqueológico: la red vial llamada "Capac Ñan", de la cultura inca.

Hedda: Hola, Inger. ¿Para dónde vas? ¿No vas a venir con nosotros?

Inger: No voy a poder, Hedda. Todavía tengo muchas cosas pendientes aquí.

Mikkel: ¿Qué vas a hacer ya?

Inger: ¡Salir a trotar! No pienso que sea una buena idea quedarme en el hotel, preocupándome. Después, tal vez vaya a ver una película de humor, porque necesito reírme un poco. Mañana lunes empiezo la búsqueda.

Hedda: ¡Espero que se te cumplan tus deseos!

Inger: ¡Que tengan un feliz viaje!

Mikkel: ¡Inger encontró el sobre con el mapa! Y no solo lo encontró... Su profesor de criptografía descifró la clave que faltaba: σιαομ es "siaom", que al revés significa "moáis".

Hedda: ¡Ah! Entonces el pirata Cowley se refería a los misteriosos moáis de la Isla de Pascua, en Chile.

Mikkel: Sí. Me parece increíble que esta historia tal vez sea cierta...

Hedda: ¡Claro que lo es! Quiero que me la cuentes completa. ¿Dónde estaba el mapa?

Mikkel: En Iquitos. Un empleado del hotel lo encontró. A Inger la habían estado buscando, para entregárselo.

Hedda: Me alegra mucho que me cuentes esta buena noticia. ¡Lo que soy yo, me voy con Inger para la Isla de Pascua! ¿Por qué no nos acompañas?

Mikkel: No sé si pueda. Por lo pronto, te propongo que sigamos nuestro itinerario y conozcamos Machu Picchu, las líneas de Nazca, Arequipa y Lima, aquí en el Perú.

Practiquemos

1 **Escribe las escenas a las que corresponden los siguientes resúmenes:**
1. Hedda invita a su amigo a que vaya con ellas a Chile: ___
2. Mikkel cuenta sobre el hallazgo del mapa: ___
3. Hedda le expresa sus buenos deseos a su amiga: ___
4. Mikkel expresa su preocupación por su amiga: ___
5. Inger explica por qué no se va con los otros dos amigos: ___
6. Mikkel se sorprende ante la posibilidad de que la historia del tesoro sea cierta: ___

2 OBSERVA Y COMENTA las siguientes fotos. ¿Qué reflejan cada una? EXPRESA tu opinión ante el grupo.

3 EXPRESA tu opinión acerca de las siguientes recomendaciones para tener una vida sana. ¿Estás totalmente de acuerdo (TA), parcialmente de acuerdo (PA) o en desacuerdo (ED)? ELIGE y DISCUTE en grupo.

Para tener una vida sana y gozar de buena salud, hay que...

1. dormir por lo menos siete horas diarias.   TA PA ED
2. erradicar totalmente el estrés.   TA PA ED
3. evitar los hábitos del cigarrillo y el alcohol.   TA PA ED
4. beber como mínimo dos litros de agua al día.   TA PA ED
5. hacer dietas y mantenerse delgado.   TA PA ED
6. mantener un buen salario.   TA PA ED
7. ir al gimnasio tres o cuatro veces por semana.   TA PA ED
8. tener buenas relaciones con la familia, pareja y amigos. TA PA ED

4 RESPONDE: ¿Cuáles de estas recomendaciones practicas tú? ¿Cuáles no y por qué? DISCUTE tus repuestas con un compañero.

Modelo: Yo no evito totalmente el estrés.

5 LEE el siguiente artículo:

Hábitos para una vida sana, en un ambiente sano

Vivir saludablemente es prioritario en la vida del ser humano. Desde siempre, el hombre se ha preocupado por evitar las enfermedades y aumentar la expectativa de vida. Es por esto que siempre ha adaptado su **entorno** y modificado sus **hábitos** para mejorar su calidad de vida. Una vida sana implica un cuerpo sano, una mente sana y un entorno sano.

Hablar de un "cuerpo sano" está ligado a tener una alimentación moderada y balanceada, realizar actividad física regularmente y dormir por lo menos siete horas diarias. Una buena alimentación debe ser completa, variada en su composición y suficiente para que pueda mantener el equilibrio de nuestro organismo. Los nutricionistas recomiendan escoger alimentos bajos en grasas saturadas, comer más alimentos con fibra (como frutas, vegetales, cereales) y, por último, limitar el consumo de azúcar y sal.

Igualmente, unas prácticas o hábitos saludables, como hacer ejercicio con regularidad, caminar o practicar algún deporte, nos ayudan a conseguir una serie de beneficios para la salud y a prevenir y reducir los **riesgos** de desarrollar enfermedades cardiovasculares y diabetes. Además, el ejercicio nos ayuda a controlar el peso y a reducir el estrés y la ansiedad. Finalmente, para tener un cuerpo sano, la persona necesita dormir la cantidad suficiente para que pueda pensar claramente, concentrarse, tomar decisiones y mantener un buen estado de ánimo.

Los hábitos de vida y la actitud son claves para mantener una buena salud. Quien tiene una actitud positiva mejora potencialmente su calidad de vida, está menos expuesto a enfermedades porque favorece sus defensas y está mejor preparado para superar cualquier desequilibrio en su organismo. El psicólogo José Espinoza nos dice: "Percibir la realidad desde un punto de vista agradable y feliz nos hace obtener mejores resultados"; y continúa luego con el consejo: "Ante una realidad negativa para nosotros, debemos analizarla desde todos los lados hasta encontrarle la mejor **faceta**". Experimentar emociones positivas, como la alegría, el afecto y la confianza, puede tener efectos demostrables sobre nuestra salud.

Por último, los seres vivos estamos en mutua relación y dependencia con el mundo que nos rodea. Los factores naturales favorables pueden perderse progresivamente y, por esta razón, es importante cuidar el medio ambiente, para disfrutar de unas buenas condiciones de vida: la contaminación del aire y del agua son factores que ponen en riesgo la salud humana. El Programa de Las Naciones Unidas para el Medio Ambiente (PNUMA), en su reporte de 2005, sostiene que "los riesgos ambientales son una de las principales causas de muerte y **enfermedad** en el mundo" e insiste en "el **vínculo** entre la salud humana y un medio ambiente sano" (PNUMA, 2005).

6 SEÑALA si la oración es FALSA o VERDADERA, según el artículo:

1. El concepto de bienestar está ligado a los condicionantes de cuerpo, mente y sociedad. _V_
2. Reducir el azúcar y las grasas saturadas son suficientes para mantener un cuerpo sano. _F_

7 ENCUENTRA en el texto el sinónimo en negrilla de cada una de las siguientes palabras y ESCRÍBELO:

1. Afección   _enfermedad_   4. Costumbres   _hábitos_
2. Peligros   _riesgos_   5. Ambiente   _entorno_
3. Lado, cara _faceta_   6. Unión   _vínculo_

Que tengas un buen día
Expresar deseos

 Desde el deseo

"Estuve donde el nutricionista. Él quiere que (yo) tenga más cuidado con mi peso y que haga alguna actividad física todos los días."

Gramática | Presente de subjuntivo

A. Usos: Cuando hacemos referencia a una acción que todavía no es real, sino que expresa deseos, sentimientos, preferencias, opiniones, influencia (yo quiero que tú busques, me disgusta que usted coma aquí, él prefiere que ella escriba, etc.), en español usamos el modo **subjuntivo,** que implica una forma verbal diferente a la del indicativo (que yo trabaje, vs. yo trabajo).

El subjuntivo va generalmente **después de la conjunción "que"** de las **oraciones subordinadas:** Esperamos **que tengas** un buen viaje.

B. Formación del presente de subjuntivo:

1. Se toma la primera persona del presente de Indicativo: ***tomo, salgo***
2. Se suprime la "o": ***tom- salg-***

3. Se agregan las siguientes terminaciones: verbos terminados en

	-ar	-er/-ir
que yo	tom**e**	salg**a**
que tú/vos	tom**es/és**	salgas/**ás**
que usted/él/ella	tom**e**	salg**a**
que nosotros/as	tom**emos**	salg**amos**
que vosotros/as	tom**éis**	salg**áis**
que ustedes/ellos/ellas	tom**en**	salg**an**

Observa: -ar → -e, -es, etc.
-er/-ir → -a, -as, etc.

"Espero que te mejores"

"Gracias. (Deseo) Que tengas un buen día."

Practiquemos

8 **COMPLETA con la forma correcta del presente de subjuntivo del verbo subrayado:**

Modelo: Yo casi nunca ***hago*** ejercicio, pero el médico quiere que (yo) haga una actividad física todos los días.

1. Me ***pongo*** a dieta todos los años. Espero que mi esposo se _____ a dieta también.
2. ***Conozco*** muy bien las propiedades de la uva. Espero que tú también las _____ y las aproveches en tu dieta.
3. No ***tengo*** turno en el hospital hoy. Ojalá mi novia no _____ que trabajar hasta tarde.
4. ***Vengo*** muy temprano al gimnasio. Espero que el instructor también _____ temprano hoy para revisar mi rutina de ejercicios.
5. A: Doctor, no ***oigo*** bien por el oído derecho.
   B: Espero que con este tratamiento _____ mucho mejor.
6. A: Señorita, ¿***traigo*** los resultados de los exámenes para la próxima cita médica?
   B: Sí, y el doctor también desea que (usted) _____ los exámenes anteriores.

9 **LEE el siguiente diálogo. Ángela López, periodista de la revista Mi Ciudad, entrevista hoy al administrador del centro de acondicionamiento físico Vida Sana de la ciudad de Lima.**

A: ¿Cuáles considera usted que han sido los logros y programas más atractivos para los usuarios del Centro en su primer año de funcionamiento?

B: Han sido varios. Actualmente, contamos con excelentes máquinas y equipos de alta tecnología. Hemos abierto ya la sala de pesas, la zona cardiovascular y el salón de spinning. También, abrimos la zona húmeda con sauna y baño turco. Ofrecemos además clases grupales de baile de salsa. Los usuarios mejoran su salud mientras se divierten. Este ha sido un éxito del Centro.

Mundo real: indicativo

A: ¿Qué proyectos tienen para el próximo año?

B: Esperamos que los usuarios disfruten de los servicios de un Spa muy completo. Quiero que ellos puedan hacerse aquí los tratamientos faciales y corporales además de masajes para bajar el estrés. También, esperamos que la tienda de implementos deportivos y la frutera estén listas para el próximo mes.

Mundo subjetivo: subjuntivo

10 **SEÑALA si cada oración refleja un hecho real (R) o imaginario (I):**

1. Hemos abierto la sala de spinning.   R I
2. Desarrollamos programas con equipos de alta tecnología.   R I
3. Esperamos que la frutera esté terminada para el mes entrante. R I
4. Esperamos que la sala de relajación corporal esté abierta al público. R I

11 **ELIGE el deseo apropiado para cada situación y ESCRIBE la letra:**

1. He ganado tres kilos y falta un mes para las vacaciones. Mi sueño es volver a mi peso normal para poder usar mi vestido de baño. ____

2. Mi graduación es el próximo sábado y todavía me siento muy enfermo. ____

3. Salgo mañana para Inglaterra. Tengo un semestre para perfeccionar mi inglés. ____

4. Estoy muy cansada con tanto trabajo. Ya no puedo más. ____

a. Que tengas un buen viaje.

b. Ojalá vengan pronto las vacaciones.

c. Espero que tu sueño se vuelva realidad.

d. ¡Qué pena! Espero que te mejores.

12 **Antes de escuchar a la famosa cardióloga española Valeri Cruz, RESPONDE esta encuesta con Sí o No:**

1. ¿Tienes problemas de presión arterial alta? ____
2. ¿Tu abdomen mide más de 100 cm (hombre) o más de 80 cm (mujer)? ____
3. ¿Tienes problemas de diabetes? ____
4. ¿Fumas? ____
5. ¿Tienes problemas de colesterol? ____
6. ¿No haces ejercicio físico? ____
7. ¿Tienes más de 55 años? ____

> **Conclusión:** si respondiste **sí** a más de dos preguntas, es importante que conozcas tu riesgo cardiovascular escuchando la siguiente entrevista.

13 **Ahora ESCUCHA la entrevista y ESCRIBE Falso o Verdadero:**

1. Según la invitada, quienes fuman tienes mayores posibilidades de sufrir de presión alta. _____
2. Las personas que cumplen con dos de estos riesgos es 45% más propensa a sufrir un infarto. _____
3. La gente joven generalmente no presta atención a estos factores de riesgo. _____
4. La doctora Cruz vino como invitada a la celebración del día mundial de la presión. _____
5. El ejercicio físico es una cura para el colesterol alto. _____

Nos alegra que digas eso.

A: ¿Cómo sigues de tu tobillo?

B: Mucho mejor. Espero poder competir la próxima semana.

A: Nos alegra que **digas** eso y que estés mejor.

C: Recuerda que tú eres nuestra esperanza en esa carrera.

Gramática Presente de Subjuntivo: Verbos con cambios Vocálicos (I)

Los verbos que en el presente de indicativo tienen el cambio vocálico *e* → *i*, en el presente de subjuntivo conservan la misma raíz en todas las personas: que vos sigás, que nosotros sigamos, que vosotros sigáis, etc.

Pronombre	Presente de indicativo	Presente de subjuntivo
yo	sigo	(que yo) siga
tú	sigues	(que tú) sigas
vos	seguís	(que vos) sigás
usted/él/ella	sigue	(que usted/él/ella)siga
nosotros/as	seguimos	(que nosotros) sigamos
vosotros/as	seguís	(que vosotros) sigáis
ustedes, ellos, ellas	siguen	(que ustedes, ellos, ellas) sigan

Otros: pedir, repetir, reír, medir, competir, vestir(se), servir, elegir, corregir, conseguir, impedir, perseguir, derretirse, despedirse.

Verbos y expresiones de sentimiento

Es + sustantivo + que + subjuntivo:
*Es una lástima que **sigas** enfermo.*
*Es una pena que no **vayas** a la fiesta.*
*Es una maravilla que **tengas** buena salud..*

Verbos de reacción + que + subjuntivo:
*Nos sorprende que **sirvan** licor acá.*
*Me fascina que **me traigas** flores.*
*Lamento que **estés** triste.*
*Les extraña que **tarde** tanto.*
*¿Te alegra que **vuelva** temprano?*

Verbos de reacción (o impresión) + adjetivo (o adverbio) + que + subjuntivo:
Me parece fantástico que… }
Estoy contento de que… } ***estés mejor.***

Con la interjección *qué*:
Qué tristeza que no **te quedes**.
Qué interesante que **compitamos**.

También con **expresiones regionales:**

¡Qué groso que **sigas** aquí!

¡Qué guay que **digas** eso!

¡Chévere que **consigas** el puesto!

¡Qué padre que **vengas** a comer!

¡Qué chévere que **elijas** ser nuestro capitán de equipo!

¡Qué bueno que **compitas** hoy!

Practiquemos

14 **ESCUCHA y ELIGE la opción con la respuesta más apropiada:**

1. a. ¡Qué bueno que te cases!
 (b.) ¡Qué lástima que no puedas venir!
 c. Lamento que te sientas triste.

2. a. ¡Qué bueno que asistas!
 (b.) Lamento que no puedas ir.
 c. ¡Qué maravilla que cumplas años!

3. a. ¡Me sorprende que trabajes tan lejos!
 b. Lamento que no puedas trabajar.
 (c.) ¡Qué maravilla que te vaya tan bien!

4. a. ¡Qué bueno que se encuentren!
 b. ¡Qué tristeza que se casen!
 (c.) ¡Me sorprende que se acabe esa relación!

5. a. ¡Qué interesante que estudies! ·
 b. ¡Qué lástima que no puedas cumplir tus sueños!
 (c.) ¡Me alegra que me digas eso!

6.(a.) ¡Es increíble que tenga tanta suerte!
 b. Lamento que no sobreviva.
 c. ¡Qué interesante que se pueda recuperar!

15 **LEE la situación y ESCRIBE las reacciones de la abuela. USA el subjuntivo en presente con expresiones de reacción (sentimiento).**

> Daniela, una niña de 12 años, tiene ciertos problemas con sus hábitos de vida. El exceso de comida y la falta de ejercicio la han llevado a tener sobrepeso, dolores frecuentes de espalda y una incorrecta actitud frente al estudio y la vida social. Se reunió con su madre e hicieron un *plan de buenos hábitos* para solucionar sus problemas. Una semana después, Daniela le cuenta a su abuela sobre sus logros y dificultades, y esta le expresa su satisfacción o desaprobación frente a cada aspecto de su comportamiento.

	¿Cumplido?	Reacciones de la abuela
1. Servirse porciones de comida más pequeñas.	Sí	¡Qué bueno que comas mejor!
2. Evitar largas jornadas ante el computador.	Sí	¡Qué bueno que evites largas jornadas!
3. Conseguir más amigos.	Sí	¡Qué bueno que consigues más amigos!
4. Practicar más ejercicios físicos.	No	¡Qué mala que no practiques más ejercicios!
5. No cargar morrales muy pesados para el colegio.	Sí	¡Qué bueno que no cargues morrales muy pesados!
6. Reemplazar los dulces por frutas en la mañana.	Sí	¡Qué bueno que reemplaces los dulces!
7. Decirse a sí misma expresiones de optimismo.	No	¡Qué malo que no te digas a sí misma expresiones!
8. Reírse con más frecuencia.	No	¡Qué malo que no te rías con más frecuencia!

16 **¿Has tenido malos hábitos y ya los has superado? HAZ una lista de ellos y CUÉNTALE a tu compañero. ESCUCHA los suyos y USA expresiones como "Me alegro de que….", "Qué bueno que / qué chévere que…, etc."**

Modelo: A: Rebajé la sal en mis comidas.
 B: ¡Qué bueno que comas con poca sal! El exceso de sal es muy malo para la salud.

Malos hábitos pasados y superados

_____
_____
_____
_____

Expresiones de un compañero

_____
_____
_____
_____

17 **ELIGE y Completa con el presente de subjuntivo. Uno de los verbos sobra.**

~~elegir~~ pedir repetir ~~medir~~ corregir impedir ~~prevet~~
                    measur

1. El programa de control de peso fue excelente. Lamento mucho que ellos no lo **repitan** este año.
2. ¡Qué guay que (nosotros) **pidamos** la comida a domicilio.
3. Es una lástima que ustedes no **corrijan** esas malas prácticas. ·
4. ¡Qué bueno que (tú) **elijas** esa terapia. Es menos intensiva.
5. Me sorprende que ellos no **impidan** este procedimiento. Es un error.

Practiquemos

18 **¿Cuál es tu opinión sobre estas afirmaciones? ¿Cuál es la de tus compañeros? COMENTA ambas respuestas.**

Según la Organización Mundial de la Salud, en 2010 alrededor de 43 millones de niños menores de cinco años sufrían de obesidad. (Periódico El Tiempo, mayo, 2011)

A pesar del riesgo mortal del cigarrillo, millones de personas siguen fumando.

El estilo de vida sedentaria no solo atenta contra la calidad de vida de la población provocando la aparición de enfermedades, sino que, además, tiene un alto costo económico para el país.
(Solís e Isa, El Sedentarismo)

Muchas personas se preocupan demasiado por verse delgadas

19 **LEE y COMPLETA:**

Según estadísticas, los riesgos cardiovasculares constituyen el mayor problema que tienen que enfrentar los médicos de familia. Para muchos pacientes es un reto mejorar sus hábitos de vida con el fin de prevenir paros cardíacos y problemas severos de circulación.

Dejar de fumar, evitar la obesidad y hacer ejercicios son los tres retos del paciente con riesgos coronarios. Esta es la recomendación dada por un grupo de expertos que participan, este fin de semana, en el Congreso de Prevención Cardiovascular de la Universidad de las Américas de Quito.

El tabaquismo es uno de los hábitos más difíciles de abandonar, según lo señala la investigadora Luisa Corrales del Hospital Universitario de San Lorenzo. Esto se debe a que el tabaquismo "tiene unas raíces no solo psicológicas, sino también biológicas, que causan una dependencia tanto física como mental, difícil de erradicar. Entre el 10 y el 50% de los pacientes fumadores con un episodio de accidente cardiovascular re-

caen en su adicción al cigarrillo entre una semana y seis meses después de salir del hospital. Igualmente, aunque la mayoría de los pacientes sabe sobre el riesgo del cigarrillo, siguen fumando y recaen después en su trastorno adictivo crónico, muchas veces por depresión. Las mujeres recaen más fácilmente que los hombres, indica la investigadora.

Sobre el tema del sobrepeso y el sedentarismo también existe un importante interés, pues cerca de un 75% de los pacientes con problemas cardiovasculares son obesos o tienen sobrepeso. Por falta de ejercicio y una dieta adecuada, un gran número de personas sobrepasa el peso saludable y tiende a engordarse, especialmente en zonas urbanas. "Son millones las personas que viven en ciudades donde cada vez hay menos espacios verdes, parques o zonas donde se pueda hacer ejercicio, lo que está empeorando el problema de la obesidad", aseveró la directora de la Organización Mundial de la salud (OMS) Margaret Chan, también asistente al Congreso.

20 **Ahora COMPLETA según el texto:**
1. Los expertos asistentes al Congreso de Prevención Cardiovascular recomiendan que las personas eliminen tres malos hábitos: _____, _____ y el, _____.
para reducir los problemas cardiovasculares.
2. La dependencia del tabaquismo es mayor por sus causas _____ y _____.
3. Aunque muchos fumadores conocen los peligros del tabaquismo, ellos _____.
4. Generalmente, la obesidad es causada por la ausencia de _____ y _____.

21 **ENCUENTRA en el texto el sinónimo de cada una de las siguientes palabras y ELÍGELO:**
1. Enfrentar:
a. encarar
b. ir al frente
c. investigar

2. Erradicar:
a. seguir
b. dejar
c. lograr

3. Alza:
a. altura
b. cantidad
c. aumento

4. Recaer:
a. volver al hábito
b. abandonar el hábito
c. seguir con el hábito

5. Obeso:
a. muy quieto
b. muy gordo
c. muy dependiente

6. Aseveró:
a. negó
b. afirmó
c. adivinó

Gramática Presente de subjuntivo: Verbos con cambios vocálicos (II)

A. Forma

Recuerda las irregularidades vocálicas del presente de indicativo:

o →ue (poder: puedo), e → ie (pensar: pienso).

Para el presente de subjuntivo, estas irregularidades funcionan de igual manera, con la excepción de las personas vos, nosotros y vosotros (podés, pensamos, pensáis).

Excepción: dormir y morir (o → u) • sentir (e→ie en unas personas, i en otras)

1. Cambios iguales al presente de indicativo		2. Cambios diferentes al indicativo		
Que + pronombre	poder: p**ue**d-	pensar: p**ie**ns-	dormir: d**ue**rm-	sentir: s**ie**nt-
que yo	pueda	piense	duerma	sienta
que tú	puedas	pienses	duermas	sientas
que vos	podás	pensés	d**u**rmás	s**i**ntás
que usted, él, ella	pueda	piense	duerma	sienta
que nosotros	p**o**damos	p**e**nsemos	d**u**rmamos	s**i**ntamos
que vosotros	p**o**dáis	p**e**nséis	d**u**rmáis	S**i**ntáis
que ustedes, ellos, ellas	puedan	piensen	duerman	Sientan
	Otros verbos: contar, volver, almorzar, volar, recordar, acordarse, llover.	Otros verbos: comenzar, empezar, recomendar, querer, perder.	Solo hay otro verbo con esta estructura: morir.	Otros verbos: mentir, convertir, divertirse, vestir, preferir, sugerir, digerir, ingerir.

B. Usos (II)

El subjuntivo se usa para expresar o refutar opiniones.

> El subjuntivo es típico después de oraciones impersonales con el verbo ser (Ser + adjetivo + que + subjuntivo): Es mejor/peor que..., Es importante que..., Es fácil /difícil que..., Es conveniente que..., etc.

Practiquemos

22 **COMPLETA las notas con los siguientes verbos. USA el presente de subjuntivo. Uno de los verbos sobra.**

poder – sentir – regresar - pensar – caminar – dormir - volver - cuidarse

Juan Pablo es un corredor de autos. En la última carrera, tuvo un grave accidente en el que sufrió múltiples fracturas y ha permanecido en el hospital dos me-

ses. Hoy es su último día en el hospital. Ha recibido la visita de muchos amigos y también algunas notas de sentimiento, ánimo y consejos.

Hola chico. Es importante que _____ en volver a tus clases de yoga. Yo te acompaño. Te llamo para darte los horarios.
Ana

Juan Pablo:
Me encanta que te _____ mejor y que _____ a la casa nuevamente.
Un abrazo,
Luis

Hola,
Es importante que _____ a las competencias en tres meses. Por eso, es mejor que _____.
Diego

Hola chico:
Es increíble que _____ después de sufrir tantas fracturas. Me fascina que _____ acompañarnos al cumpleaños de Inés.
Un abrazo,
Lina

No creo que sea posible
Expresar dudas y probabilidad

Federico es el administrador del centro de acondicionamiento físico Vida Sana de la ciudad de Lima.

A: ¿Habrá una sala de masajes en el futuro?

B: Estamos en la negociación. Es muy probable que nos den la autorización.

A: ¿Y cuándo tendremos la tienda de implementos deportivos?

B: Quizás la tienda deportiva y la frutera estén listas para el próximo mes.

A: Dos amigas quieren entrar a las clases de baile a las 10:00 a.m.

B: Lo siento. No creo que sea posible. Todos los horarios están totalmente llenos. Tal vez el próximo mes.

A: ¿Cree que el gimnasio tendrá piscina?

B: No. Dudo que vayamos a tener piscina. Tenemos una limitación de espacio en nuestras instalaciones.

Gramática   Presente de subjuntivo para expresar duda

Los siguientes verbos y expresiones que expresan duda conllevan al uso de subjuntivo:

1. Dudar que, puede que, ser probable, dudoso que, etc.	Dudo que *venga*; puede que *vaya*; es dudoso que *sea*.
2. No + creer que, parecer que, pensar que	No creo que el *trabaje* allí. No parece que *sepa* la verdad. No pienso que *estén* listos.
3. Tal vez, Probablemente, Quizás	Tal vez *vuelva* mañana. Probablemente *tenga* bronquitis. Quizás *necesite* una radiografía.

Nota: los verbos *creer, pensar* y *parecer* en oraciones afirmativasrigen el indicativo: creo que *es* posible, pienso que ella *sabe* la verdad.

Practiquemos

23 **ESCRIBE reacciones de duda y probabilidad, con base en las siguientes afirmaciones.**

Modelo: Tengo dolor de cabeza y en todo el cuerpo.

   Tal vez **sea** un virus. Hay una epidemia en la ciudad.

1. Mi novio(a) no quiere responder el teléfono y se comporta de forma muy extraña.

   Quizás que tu novio esté ocupado. .

2. La secretaria de la aerolínea prometió llamarme esta mañana para confirmar los tiquetes, pero son las 4:00 de la tarde y no ha llamado todavía.

   Tal vez que la secretaria olvide .

3. Mi hermana se siente gorda y está obsesionada con someterse a una cirugía estética.

   No creo que ella quiera una cirugía estética

4. Daniela tiene un examen final muy difícil y no quiere comer.

   Es probable que ella no quiera vomitar .

24 **LEE y EXPRESA tu opinión sobre los siguientes enunciados. COMENTA tus respuestas con un compañero(a). USA las expresiones de duda con el presente de subjuntivo.**

a. El vegetarianismo proclama que si la alimentación diaria se sustenta sobre los vegetales, se pueden evitar todas las enfermedades. No creo que todas las enfermedades se puedan evitar comiendo solo vegetales (modelo).

b. Para reducir de peso, sólo basta dejar de comer

c. Las cirugías plásticas aumentan la autoestima

d. La dieta masculina debe ser diferente a la dieta femenina

Practiquemos

25 **Antes de leer el fragmento, RESPONDE estas preguntas:**
1. ¿Conoces una dieta para perder peso rápidamente?
2. ¿Conoces algún medicamento para quemar grasa o controlar el apetito?

Utilizar medicamentos en el proceso de perder peso es un asunto de cuidado, pues pueden tener efectos secundarios que afecten su salud. No se arriesgue y antes de utilizarlos busque a un especialista.

Todo el mundo quiere ser un especialista cuando se habla de perder kilos. A quien usted le pregunte -tíos, amigos, primos y conocidos-, con seguridad le tendrán una dieta o unas pastillas "benditas" para alcanzar el objetivo.

Muchos productos para quemar grasa y controlar el apetito son populares para lograr bajar de peso; sin embargo, es mejor no confiarse, pues según

los especialistas no hay hasta ahora ningún estudio serio que avale sus propiedades. Por lo tanto, el mensaje sigue siendo el mismo: la alimentación sana y la actividad física son la mejor alternativa para perder esos kilos de más, sin poner en riesgo la salud.

Fragmento adaptado del artículo de Natalia Ospina "Bajar de peso no es asunto de medicamentos", publicado en el periódico El Colombiano (Medellín, 12 de mayo de 2011).

26 **COMPLETA con información del fragmento:**
1. Cuando hablamos de las consecuencias problemáticas del uso de un medicamento en el cuerpo, distintas de su cualidad curativa o de carácter negativo, nos referimos a los _____ _____.
2. Los medicamentos mágicos que muchos amigos nos recomiendan para bajar de peso se denominan _____ _____ en el lenguaje popular.
3. Con una _____ _____ y _____ _____ podremos lograr reducir el peso sin arriesgar nuestra salud.
4. El texto recomienda que no _____ en medicamentos para perder peso.

Gramática — Presente de subjuntivo: Verbos irregulares

Pronombre	Ser	Estar	Haber	Ir	Dar	Saber
Yo	sea	esté	haya	vaya	dé	sepa
Tú	seas	estés	hayas	vayas	des	sepas
Vos	seás	estés	hayás	vayás	des	sepás
Usted, él, ella	sea	esté	haya	vaya	dé	sepa
Nosotros/as	seamos	estemos	hayamos	vayamos	demos	sepamos
Vosotros/as	seáis	estéis	hayáis	vayáis	deis	sepáis
Ustedes, ellos, ellas	sean	estén	hayan	vayan	den	sepan

27 **COMPLETA con la forma correcta de los verbos de la tabla anterior:**
1. Es posible que _____ al nutricionista pronto. Ahora sí quiero perder esos kilos de más.
2. Dudo que _____ estudios serios sobre productos que quemen grasa en minutos.
3. No creo que un nutricionista serio le _____ a un paciente pastillas para perder peso, que no _____ probadas científicamente.
4. El autor del artículo duda que todo el mundo _____ cómo perder kilos de una manera saludable.
5. Lo más probable es que _____ poniendo en riesgo su salud al no tener una alimentación sana y una actividad física apropiada.

1. David y Mónica estaban perdidos en la selva del Darién, en la zona del río Atrato. Después hubo una fuerte tormenta y los dos jóvenes perdieron sus provisiones y sus cosas.

2. David se ríe y le pide a Mónica que no haga bromas. En ese momento, escuchan un fuerte sonido de ramas que se quiebran..

3. Mónica le grita a David que tenga cuidado, pero ya es muy tarde. Los dos compañeros caen al pantano, en medio de risas.

4. En otro lugar de la selva, Carmen le pide a Vladimir que se detengan.

5. Carmen quiere que esperen al periodista Simón Acero, a quien ellos rescataron, porque se quedó bastante atrás. Ella le dice cuando él llega, que camine rápido, que no se quede atrás.

6. Después de hacerle unas recomendaciones a Simón, continúan caminando con él. Carmen y Vladimir conversan animadamente, y se dan cuenta de nuevo que Simón volvió a quedarse atrás, pero esta vez no responde cuando lo llaman.

7 y 8. Carmen y Vladimir corren de vuelta y encuentran a Simón tirado en el piso.

Practiquemos

28 **COMPLETA con una palabra el siguiente resumen de la historia.**

David y _____(1) caminan por la selva, se pierden en medio de una _____(2) tormenta, y luego también pierden sus _____(3). En medio de risas caen en un pantano. Mientras tanto, en otro lugar de la _____ (4), caminan Vladimir, Carmen y Simón. Este da muestras de cansancio debido a su _____(5) estado físico. Por eso, Vladimir y Carmen no notan que _____(6) ha quedado atrás, pero lo encontraron tirado en el _____(7) con una picadura de serpiente.

29 **ESCUCHA la escena 13 de la AudioNovela y RESPONDE**
1. Según la broma de Mónica, ¿qué número se debe oprimir para pedir un paracaídas?
2. ¿Qué hace Vladimir para mantenerse en forma?
3. ¿Qué animales en vía de extinción menciona Carmen?
4. Según Carmen, ¿Qué tipo de animal es el más venenoso del mundo?

Pronunciemos   Diptongos y hiatos

1 **ESCUCHA y REPITE:**

1. Pie	6. Cuando
2. Diaria	7. Deuda
3. Labio	8. Ruido
4. Duele	9. Luis
5. Euro	10. Prohibir

Observa: estas combinaciones vocálicas se pronuncian en una sola sílaba (diptongo), recibiendo el acento principal sobre la vocal abierta (a, e, o).

2 **ESCUCHA y REPITE:**

A. vocal cerrada acentuada + Vocal abierta (hiato)		B. Vocal abierta + vocal abierta
1. Día	7. Grúa	1. Mareo
2. Guíe	8. Leí	2. Aéreo
3. Pulmonía	9. Sitúe	3. Empleado
4. Período	10. Ahí	4. Sea
5. País	11. Búho	5. Vaho
6. Baúl	12. Dúo	6. Cooperativa
		7. Leer

Observa: estas combinaciones vocálicas se pronuncian en dos sílabas separadas, constituyendo un hiato. En español, todos los hiatos con vocal cerrada y vocal abierta llevan tilde, imponiéndose sobre cualquier otra regla de acentuación.

3 **ESCUCHA y ELIGE:**

1. sitúo / situó	4. gradúa / graduá
2. guíe / guie	5. ley / leí
3. fío / fio	6. crío / crio

4 **RESPONDE cuántas sílabas tienen las siguientes palabras. ESCUCHA para confirmar:**

1. Emergencia __4 sílabas__	5. Escalofrío _____	9. Peruano _____
2. Aeropuerto _____	6. Período _____	10. Situación _____
3. Cardíaco _____	7. Periodo _____	11. Diarrea _____
4. Ahijada _____	8. Lesiones _____	12. Dio _____

Gastronomía peruana

El que quiera deleitarse probando comida exquisita, la encuentra en el Perú. La gastronomía peruana, que se considera una de las más ricas y variadas del mundo, incluye platos e ingredientes de la Era Prehispánica, a los cuales se sumaron los de la comida española, en la época de La Colonia, y los de la gastronomía que llevaron consigo los inmigrantes chinos, italianos y japoneses a lo largo del siglo XIX. Esta variada gastronomía fue declarada en 2007 Patrimonio Cultural del Perú.

Platos nacionales

Hay cuatro recetas consideradas platos nacionales del Perú: la *pachamanca*, que es un plato preparado en una olla de barro que se pone a cocinar en un fogón construido en un hoyo en la tierra; el famoso *cebiche*, que es un plato preparado a base de pescado o mariscos crudos, marinados en limón o vinagre; el *pisco*, que es un aguardiente fabricado a base de uva; y el *pisco sour*, que es un coctel a base de pisco.

Barranco

Barranco es uno de los distritos que constituyen a Lima, la capital del Perú. Es conocido por ser un atractivo turístico, bohemio, lleno de casas de artistas y literatos que hicieron de este su lugar de residencia. Es un distrito lleno de vida cultural, con arquitectura tradicional, muy apropiado para compartir una tarde agradable con amigos. Barranco ofrece malecones, calles, parques y plazuelas hermosas, un sitio ideal para disfrutar la capital peruana.

En 1962, el Distrito de Barranco fue declarado como "Ciudad Heroica", dado su papel decisivo en la guerra con Chile (entre 1879 y 1883).

Maravillas del Perú

Las Líneas de Nazca

Cerca de la ciudad de Nazca y en las Pampas de Jumana se encuentran las famosas Líneas de Nazca, catalogadas por la UNESCO como Patrimonio Cultural de la Humanidad. Según la UNESCO, estas líneas forman figuras o *geoglifos* que pueden alcanzar hasta 274 m de largo, y se asemejan a un enorme tablero. Estas figuras, consideradas técnicamente perfectas, fueron trazadas entre los años 500 a.C. y 500 d.C. En su mayoría representan figuras de animales y conforman un calendario astronómico que evidencia el gran desarrollo alcanzado por las culturas precolombinas peruanas en el campo de la geometría. Debido a sus enormes proporciones, pasan desapercibidas desde el suelo y solo pueden observarse desde el aire a unos 1500 pies de altura.

Su autoría se atribuye a las culturas Nazca y Paracas. Estas líneas están ubicadas a lo largo de la Carretera Panamericana Sur, en un desierto cuyo suelo, de color marrón, se compone de arena y piedras verduscas.

Otros destinos turísticos del Perú

Arequipa

Es conocida como la "Ciudad Blanca" porque algunas de sus hermosas obras arquitectónicas coloniales, tales como iglesias, templos y monasterios fueron construidos en una roca volcánica llamada *sillar blanco*. Su centro histórico ha sido reconocido como Patrimonio Cultural de la Humanidad.

Lima

La capital del Perú es una ciudad con una hermosa arquitectura de construcciones coloniales, declaradas Patrimonio Cultural de la Humanidad por la UNESCO.

Practiquemos

30 ELIGE:

1. Los *geoglifos* son: a. cultivos. b. figuras. c. pampas.
2. Las líneas de Nazca se pueden observar completamente desde:
   a. la carretera panamericana. b. el aire. c. la ciudad de Nazca.
3. Las líneas de Nazca fueron hechas por:
   a. los Nazcas y Paracas. b. los Incas. c. las culturas precolombinas.
4. El *sillar blanco* es:
   a. una obra de arquitectura. b. una roca volcánica. c. un monasterio.

Medicina y salud

Capítulo 14

Mujer a orillas del lago Titicaca, Bolivia

Inger, Hedda y Mikkel se reunen de nuevo y están en La Paz, Bolivia. Cada vez están más cerca del lugar en donde el tatarabuelo de Inger supuestamente enterró un tesoro. Inger cree que el tesoro existe; a Hedda no le importa si existe o no, pero le entusiasma la idea de buscarlo y Mikkel no quiere que Inger lo busque más. Sin embargo, a él le gusta la idea de escribir esta historia para su tesis de Maestría en Periodismo. Inger quiere que él las acompañe a la isla de Pascua, en Chile, a buscar el lugar que señala el mapa, y le pide a Hedda hablar con él para que lo convenza de que vaya con ellas.

Te pido que hables con Mikkel.

Yo también deseo que él viaje con nosotras.

Hedda: Estoy un poco mareada.

Inger: Respira profundo. Es posible que sea porque La Paz está a 3650 metros de altura.

Hedda: Y tú, no digas nada, porque estás un poco pálida. ¿Qué te pasa? Mikkel me dijo que tosiste toda la noche.

Inger: Desde ayer no me siento bien. Sé que solo es una fuerte gripe, pero estoy desalentada, me duele todo el cuerpo, me siento débil, tengo jaqueca, escalofrío y mucha tos.

Hedda: Te aconsejo que te cuides, para que te alivies pronto.

Inger: Tú mareada y yo con gripe… ¡Ja, ja! Esto parece un hospital. Antes de irnos, necesito ir donde el médico para que me haga un chequeo. ¡Ven conmigo!

¡Sé que el tesoro está allá!

No le insistamos más a Mikkel.

Inger: No pienso que hagan falta otras pistas. Estamos cada vez más cerca. ¡Sé que el tesoro está allá!

Hedda: No le insistamos más a Mikkel para que vaya con nosotras. ¿Crees que él cambie su modo de pensar? Seamos realistas.

Inger: Te propongo que cancelemos ese tema. Sigamos soñando con el tesoro de mi tatarabuelo.

Hedda: De acuerdo. Te sugiero que pongamos en conocimiento de las autoridades chilenas nuestras intenciones de hacer una excavación.

Inger: Sí, es mejor que averigüemos con las autoridades si nos permiten hacerla.

Denme una semana.

No hay problema.

Hedda: Es poco probable que encontremos algún tesoro, pero puede ser que hagamos un hallazgo interesante. No sé, alguna pieza original del siglo XVIII, un diario antiguo… es posible que te sirva para tu tesis…

Mikkel: Quizás sea la oportunidad para escribir una crónica apasionante. Denme una semana para visitar el recinto arqueológico *Tiwanaku*, en Bolivia, y el lago Ipacaraí, en Paraguay.

Hedda: No hay problema. Yo tengo que reunir más información sobre el idioma guaraní, para mi tesis. Y tenemos que esperar hasta que el gobierno chileno nos dé la autorización para hacer las excavaciones.

Practiquemos

1 ESCRIBE el sujeto (Mikkel, Hedda o Inger) para completar las siguientes ideas:
1. _____ le pide a su amiga que hable con Mikkel.
2. _____ piensa que Mikkel está muy escéptico.
3. Finalmente, _____ acepta ir a Chile.
4. _____ necesita ver al médico antes de irse.
5. _____ le recomienda a su amiga que contacte las autoridades chilenas.

2 ESCRIBE falso (F), verdadero (V) o sin información (SI):
1. Hedda piensa recoger información para su tesis en *Tiwanaku*. _____
2. El médico dice que Hedda está débil y que debe descansar. _____
3. Inger tiene problemas con los permisos para la excavación. _____
4. Mikkel puede cancelar con facilidad el viaje a Paraguay. _____

Un cuerpo muy humano
Describir el cuerpo humano

¿Sabes cómo está compuesto nuestro cuerpo?

Básicamente está compuesto por la cabeza, el tronco y las extremidades. Además...

Órganos internos

- Dos oídos
- 640 músculos
- Un hígado
- Un estómago
- Dos pulmones
- Dos intestinos
- Un cerebro
- Dos riñones
- 206 huesos
- Un corazón

- Dos manos
- Una frente
- (miles de) cabellos
- Dos cejas
- Dos orejas
- Veinte dedos
- Una cara
- Dos mejillas (o pómulos)
- Dos ojos
- Treinta y dos dientes (en un adulto)
- Una nariz
- Una boca
- Dos muñecas
- Dos labios
- Un cuello
- Un pecho
- Un mentón o barbilla
- Veinticuatro costillas
- Dos brazos
- Una espalda
- Un abdomen
- Dos codos
- Dos caderas
- Dos tobillos
- Dos muslos
- Dos pies
- Dos piernas
- Dos rodillas

---

3 **COMPLETA con la parte del cuerpo apropiada:**

1. Uso lentes porque tengo un problema en los __ojos__.
2. Daniel estaba jugando fútbol y se fracturó una __pierna__. Ojalá no tenga dificultades para caminar.
3. Siempre que viajo en avión, se me tapan los __oídos__.
4. Olga ha fumado por muchos años. Espero que no tenga problemas muy serios con sus __pulmones__.
5. El doctor nos recomienda que tomemos leche y alimentos ricos en calcio para mantener los __huesos__ sanos.

4 **UNE las partes que complementan las ideas.**

Datos de interés sobre el cuerpo humano, que quizá desconocías:

1. La extensión de los brazos abiertos de una persona, __C__	**a.** mientras que el intestino grueso mide aproximadamente 1.5 metros (5 pies).
2. El intestino delgado mide entre 5 y 7 metros (de 18 a 23 pies) de largo, aproximadamente 4 veces la altura de un adulto promedio, __A__	**b.** es decir, no requiere de estímulos del sistema nervioso.
3. Los huesos humanos son tan fuertes como el granito. __f__	**c.** es exactamente igual a su altura.
4. Los músculos del ojo se mueven alrededor de 100.000 veces al día. __E__	**d.** El mayor número de receptores está en los dedos, los labios, los pies y los genitales.
5. La piel tiene aproximadamente 640.000 receptores, distribuidos de manera desigual en todo el cuerpo. __D__	**e.** Para que los músculos de las piernas se muevan el mismo número de veces, necesitamos caminar 80 kilómetros al día.
6. El corazón late más de 2.500 millones de veces en la vida de un adulto y su movimiento es involuntario, __B__	**f.** Un hueso sano puede resistir hasta 9 toneladas sin romperse. Esto significa que es cuatro veces más resistente que el concreto.

Describir el cuerpo humano

Me siento mal
Describir estados de salud

Dolencias comunes	Síntomas		
1. Resfriado/gripe/gripa (Verbo: resfriarse) Es viral e infecciosa. Afecta principalmente la nariz, la garganta, los bronquios y, en ocasiones, los pulmones.	Dolor de cabeza y garganta	Fiebre	Estornudo y congestión nasal
2. Alergias (Verbo: tener alergia a/sufrir de alergia) Reacción anormal a ciertas sustancias u objetos.	Congestión e irritación	Tos	Picazón
3. Intoxicación (Verbo: intoxicarse) Se da por la ingestión de sustancias nocivas para el organismo, ya sean químicos venenosos o comidas descompuestas.	Diarrea Dolor de estómago (cólico) y Vómito (y náusea) Dolor de cabeza Debilidad		

Gramática Verbos para describir dolencias

Permanentes	Temporales			
Ser	**Estar**	**Sentirse**	**Tener**	**Doler**
Soy…	Estoy…	Me siento…	Tengo…	Me duele…
alérgico(a) a… diabético(a) hipertenso(a) asmático(a)	enfermo(a) mal afónico(a) mareado(a) desalentado(a) asfixiado(a) resfriado(a) agotado(a)	enfermo(a) mal débil indispuesto(a) mareado(a) desalentado(a)	fiebre escalofrío tos náuseas/ vómito dolor de… diarrea mareo desaliento	la cabeza, el pecho, el oído, etc.

Ser	+ adjetivo
Estar	+ adjetivo
Sentirse	+ adverbio
Tener	+ sustantivo

Practiquemos

5 COMPLETA con ser, estar, sentir(se) o tener:
1. Yo _soy_ alérgico a la penicilina.
2. Creo que me intoxiqué: _tengo_ vómito y diarrea.
3. El doctor me sugirió descansar y ya hoy _me siento_ mucho mejor.
4. Pienso que _está_ resfriado: _tiene_ dolor de garganta y fiebre.
5. ¡Recuerda que él _es_ diabético!
6. Esta carretera tiene muchas curvas. _Me siento_ mareado.

6 **ESCRIBE en las fotos los números de los diálogos correspondientes. Una de las fotos no tiene texto.**

1 **Paciente:** Buenas tardes, necesito una consulta con el Dr. Gómez, ¿para cuándo tiene disponibilidad?
Recepcionista: La más próxima es el miércoles a las 3:00 p.m. ¿Le sirve?
Paciente: Está bien.
Recepcionista: ¿Cuál es su nombre completo y su número telefónico?
Paciente: Álvaro Moreno. Teléfono 3452781.
Recepcionista: Bien. Miércoles a las 3:00 p.m. , don Álvaro

2 Miércoles, 3:00 p.m.
Doctora: Cuénteme qué le pasa.
Paciente: El fin de semana estuve en una finca y ahora tengo mucha picazón en todo el cuerpo y los ojos rojos.
Doctora: ¿Tuvo algún contacto con flores?
Paciente: Sí. Estuve trabajando en el jardín.
Doctora: Eso es una alergia, muy común en esta estación del año.

3 **Doctora:** Debe aplicarse este ungüento tres veces al día. También voy a recetarle estas pastillas para que le reduzcan la picazón. Si en una semana no han desaparecido los síntomas, vuelve a consultar.
Paciente: ¿Y cada cuánto debo tomar las pastillas?
Doctora: Una cada ocho horas. Pero acá lo escribo en la fórmula.
Paciente: Muchas gracias, doctor.

7 **ESCRIBE con tu compañero un diálogo entre paciente y médico. El paciente llega al consultorio muy enfermo. INCLUYE saludo y despedida.**

Doctor: _____ **Paciente:** _____
Doctor: Dígame qué siente. **Paciente:** _____
Doctor: _____
Paciente: _____
Doctor: Le recomiendo que _____ y es necesario que _____
_____
Paciente: Bueno doctor, _____
Doctor: _____ .

8 **COMPLETA como en el Modelo:**

Modelo: Rosa tiene gripe: le duele la cabeza, tiene congestión nasal y fiebre.
1. Para mí, Lina tiene un serio resfriado: _____.
2. Gloria se intoxicó porque comió una arepa con camarones: tiene _____.
3. Juan tiene una alergia: _____.
4. Sergio tiene una intoxicación: _____.

9 **LEE sobre remedios y consejos y luego ESCRIBE, …al frente del nombre de la persona del ejercicio anterior, el remedio o consejo de la lista que más le convenga. USA "Le recomiendo que."**

1. Rosa _____
2. Gloria _____
3. Lina _____
4. Juan _____
5. Sergio _____

Remedios y consejos populares
a. Tomar mucho líquido para mantenerse hidratado.
b. Quedarse en cama.
c. Consumir alimentos ricos en vitamina C.
d. Abrigarse bien.
e. No tomar bebidas ni muy calientes ni muy frías.
f. Mantener las ventanas cerradas durante la noche.
g. Lavarse constantemente las manos.
h. Comer solo en lugares confiables.
i. Tomar bebidas aromáticas.

Te aconsejo que hagas ejercicio
Aconsejar e nfluir

Consejos de médico.

LEE y RECONSTRUYE el diálogo. IMAGINA los síntomas que mencionó la paciente al médico.

> Debes bajar de peso. **Te aconsejo que hagas ejercicio**, que **comas** comida más saludable y que **trates** de evitar el estrés.

Gramática — Verbos para influir en el otro

Para recomendaciones, consejos u órdenes, usamos el presente de subjuntivo	
El doctor me	*aconseja* que coma menos sal. *recomienda* que baje de peso. *sugiere* que practique algún deporte. *dice* que reduzca la grasa *manda* que duerma más. *pide* que no fume. *exige* que controle mi presión. *prohíbe* que tome licor. *ordena* que asista a las terapias.
Otras maneras de aconsejar, a modo de pregunta	¿Por qué no tratas de relajarte? ¿Qué tal si tratas de relajarte? ¿Qué tal si te relajas?

Practiquemos

10 **DISCUTE con tus compañeros y ESCRIBE recomendaciones para cada uno.**

Problema	Recomendación
Me duele mucho el estómago.	Te recomiendo que consultes al médico.
Tengo dolor de cabeza.	
Tengo fiebre.	
Tengo mucha tos.	
Me duele la espalda.	
Me duele mucho una muela.	

11 **ESCUCHA los problemas de cada persona y ESCRIBE la letra que expresa el consejo más apropiado:**

Situación	Consejo
1._____	**a.** Reduzca la sal en sus comidas.
2._____	**b.** Cambie su dieta. Coma más frutas y verduras.
3._____	**c.** Haga ejercicio dos veces por semana.
4._____	**d.** Tome clases de yoga y salga más con sus amigos.
5._____	**e.** Tome un baño caliente antes de acostarse.

Practiquemos

12 a. **LEE** el siguiente texto, del que se han extraído tres subtítulos. A continuación, **DECIDE** en qué lugar (numerales 2, 4 y 5) va cada uno de ellos. **ESCRIBE** la letra correspondiente. Uno de los subtítulos no tiene texto.

a. Reduce las harinas.   **b.** Hidrata tu cuerpo.   **c.** Come sano.   **d.** Haz ejercicio.

Días en equilibrio

1. Compra con calidad. Encuentra alternativas frescas y saludables que remplacen alimentos altamente procesados. Incluye una colorida oferta de frutas, vegetales y granos. Dales prioridad a los productos integrales; la fibra que contienen te ayudarán a eliminar toxinas.

2. _b_ Toma un vaso de agua cada dos o tres horas. Una buena hidratación da sensación de llenura y facilita la eliminación de toxinas. El agua con un poco de limón estimula la digestión. Puedes alternar también con el té verde.

3. Prefiere lo natural. Una idea para disminuir el consumo de harinas y snacks procesados puede ser incluir frutas en el desayuno y la media mañana, ensaladas en el almuerzo, jugo en la tarde o sopa en la cena. Todo con moderación y nada de extremos.

4. _c_ Aumenta el consumo con enzimas y probióticos. Las enzimas, presentes en la papaya, el aguacate, el plátano y la piña, ayudan a extraer los nutrientes de los alimentos. Los probióticos fortalecen el sistema inmunológico, mejoran la salud intestinal y ayudan a eliminar toxinas.

5. _d_ Realiza actividad física entre tres y cinco veces por semana o por lo menos media hora diaria. También puedes hacer estiramiento, yoga, relajación en un sauna o en un baño turco, y por supuesto, dormir y descansar."

David Henao, "Días en equilibrio", publicado en Vivir Yok, revista del periódico El Colombiano, Medellín, versión impresa de febrero de 2011.

b. **COMPLETA** el siguiente resumen del texto con cuatro de las seis siguientes opciones (a-f).

a. enfatice _emphasize_   **b.** a través _through_   **c.** ofrece   **d.** mejorar   **e.** naturales   **f.** igualar

En su artículo "Días en equilibrio", David Henao nos **(1)** _c_ una serie de recomendaciones para que mantengamos una vida sana, **(2)** _b_ de dos elementos importantes: una buena nutrición y ejercicios para cuidar el cuerpo y relajar la mente. A lo largo del texto, el autor destaca y favorece, ante todo, los productos **(3)** _e_, como el agua, las frutas y los vegetales, que son excelentes para eliminar toxinas y **(4)** _d_ las defensas.

c. **DISCUTE** con tu grupo.
a. ¿Qué recomendaciones da el artículo? (Menciona al menos siete).
b. ¿Cuáles recomendaciones no sigues tú? ¿Por qué?

13 La Doctora Sierra es invitada a un programa de radio. **ESCUCHA** y **ELIGE** las recomendaciones que ella da.
1. _____ Quedarse en casa (no ir a trabajar).   **5.** _____ No consumir azúcar.
2. _____ Evitar las corrientes frías.   **6.** _____ Perder peso.
3. _____ No consumir medicamentos.   **7.** _____ Alimentarse bien.
4. _____ Consultar al médico cuando haya señales de alerta.

14 Ahora, **REPORTA** las recomendaciones.
Modelo: La Doctora Sierra recomienda que cuando tengamos gripe, nos quedemos en casa.

15 Un amigo tuyo tiene una fuerte gripe. Basado en la información que ofrecen el artículo anterior y la Doctora Sierra, **ELABORA** una lista de consejos para él.

Levanten la pierna derecha, lleven las manos al frente y traten de tocar el pie derecho.

Gramática · Imperativo

A. Uso: empleamos el imperativo para:

Dar instrucciones	*Deje* su mensaje después de la señal.
Ordenar	*Respire* profundo.
Aconsejar	*Consulte* a su médico.
Rogar	No *seas* egoísta.
Dar permiso	Sí, *entra*.
Invitar	*Ven* a nuestra fiesta.

B. Forma

Imperativo en oraciones afirmativas		Imperativo en oraciones negativas
A. Se forman con el presente de subjuntivo	**a. Usted:** toma la forma de la tercera persona del singular (él, ella): Entrar: *entre*; Comer: *coma*; Pedir: *pida* **b. Ustedes**: toma la forma de la tercera persona plural (ellos, ellas): Entrar: *entren*; Comer: *coman*; Pedir: *pidan* **c. Nosotros:** Entrar: *entremos*; Comer: *comamos* Pedir: *pidamos*	Todas las personas toman las formas negativas del presente de subjuntivo: **a. Usted:** No *entre*; no *coma*; no *pida*. **b. Ustedes**: No *entren*; no *coman*; no *pidan*. **c. Nosotros:** No *entremos*; no *comamos*; no *pidamos*. **d. Tú:** No *entres*; no *comas*; no *pidas*. **e. Vos:** No *entrés*; no *comás*; no *pidás*. **f. Vosotros:** No *entréis*; no *comáis*; no *pidáis*.
B. Se forman con el presente de indicativo	**a. Tú:** toma la forma de la tercera persona del singular (él, ella): Entrar: *entra*; Comer: *come*; Pedir: *pide* **b. Vosotros:** Toma como base el infinitivo, pero cambia la r por la d:Entrar: *entrad*; Comer: *comed*; Pedir: *pedid*	**Nota:** Irregularidades con tú en el imperativo afirmativo: Tener: *ten*; Ser: *sé*; Venir: *ven*; Ir: *ve*; Hacer: *haz*; Salir: *sal*; Poner: *pon*; Decir: *di* Además de sus compuestos *sostener, deshacer, suponer, mantener*, etc.

Practiquemos

16 **A. LEE** de nuevo el artículo "Días en equilibrio" en la página anterior e **IDENTIFICA** qué estilo usa el artículo, ¿formal (usted) o informal (tú)?
B. ESCRIBE el verbo con que empieza cada uno de los cinco consejos. Luego, **REESCRÍBELOS** en la forma opuesta (tú vs. usted).

1. _____ 2. _____ 3 _____ 4. _____ 5. _____

_____ _____ _____ _____ _____

17 ESCRIBE la letra correspondiente:

1. Necesitamos un plan de nutrición. ___
2. ¿Qué debo hacer contra el insomnio? ___
3. Toso mucho cuando me levanto. ___
4. Nos sentimos agotados. ___
5. ¿Dónde entrego estos exámenes? ___
6. Quiero tener un abdomen plano. ___

a. Vaya al consultorio número 4.
b. Salgan un rato y descansen.
c. Haga cincuenta abdominales diarios.
d. Hablen con la doctora Gómez.
e. Tome una ducha caliente todas las noches.
f. Deje de fumar.

18 REESCRIBE los siguientes anuncios de manera informal (tú).

No fumar
No comer
No consumir
bebidas

No guardar comida caliente

Salud y Vida

No abusar de la sal ni de las grasas.

ESCUELA SUPERIOR DE MEDICINA
Gustavo Méndez Portavio
Médico Cirujano

• No descuidar la presión arterial
• No automedicarse
• No abusar de los analgésicos.

19 ELIGE dónde puedes hallar los anteriores avisos. ESCRIBE el número del aviso.

1. ____ Consultorio médico 2. ____ Una oficina 3. ____ Salón de clases
4. ____ Un centro de acondicionamiento físico

20 El centro de acondicionamiento físico Vivo está en una campaña de pausas activas durante las jornadas laborales. LEE para saber más sobre esta campaña. UNE la ilustración con la descripción correcta.

Recarga tus energías y vive sanamente

Algunos ejercicios para tus pausas activas

¿Qué es una pausa activa?

Consiste en la utilización de varias técnicas en períodos cortos (máximo 10 minutos) durante la jornada laboral, con el fin de activar la respiración, la circulación sanguínea y la energía corporal para prevenir desórdenes físicos causados por la fatiga física y mental. Además, potencializa el funcionamiento cerebral incrementando la productividad y el rendimiento laboral.

VIVO
ser vital
Centro de Acondicionamiento Físico

1 • Lleve el mentón al pecho y ayúdese con las manos para lograr mayor estiramiento de los músculos del cuello. _____

2 • Incline la cabeza intentando tocar el hombro con la oreja. Sentirá el estiramiento en la cara lateral del cuello. _____

3 • Rote el cuello mirando por encima del hombro para estirar los músculos rotadores del cuello. _____

4 • Lleve los codos hacia atrás, estirando los pectorales. Sentirá tensión y luego relajación entre los omoplatos. _____

5 • Empuje el codo hacia atrás. El estiramiento se percibe en el hombro y el brazo. _____

6 • Incline el tronco a medida que lleva el brazo por encima de la cabeza. Sentirá el estiramiento de los músculos de los lados del tronco. _____

7 • Ubique un pie delante del otro. Doble lo más que pueda la rodilla de adelante, manteniendo la espalda y la pierna de atrás rectas, sin levantar los talones del piso. Sostenga la posición a medida que estira los músculos posteriores de la pierna. _____

21 RESPONDE:

1. ¿Qué busca una pausa activa? 2. ¿A través de qué tipo de actividades? 3. ¿Te gustaría tener un plan de estos en tu empresa o trabajo? 4. ¿Qué ventajas tiene el programa?

Practiquemos

22 **MIRA el cartel y, antes de leer en detalle, RESPONDE:**
1. ¿Sobre qué nos informa?
2. ¿A qué público crees que está dirigido este cartel? ¿joven, adulto, niños, etc.?
3. ¿En qué lugar puedes encontrar un cartel como este?

Después de leer en detalle:
4. ¿Dónde es el evento?
5. ¿Cuándo?
6. ¿Cuáles son los objetivos de este afiche? ELIGE:
   a. Que prevengamos las enfermedades.
   b. Que nos informemos.
   c. Que asistamos al Festival de la salud.
   d. Que le prestemos atención a nuestra nutrición.
   e. Que hagamos ejercicio físico.
7. ¿Qué crees que significa la expresión "curarse en salud"?

CÚRATE EN SALUD

EJERCICIO FÍSICO
ADICCIONES
PREVENCIÓN DEL CÁNCER
NUTRICIÓN
MÉTODOS ANTICONCEPTIVOS
CUIDADO DE LA PIEL
SALUD VISUAL
SALUD ORAL

Festival de la SALUD

Febrero 26 al 28
Plazoleta del Estudiante
De 9 A.M. a 4 P.M.
UNIVERSIDAD EAFIT
Abierta al mundo

Gramática — Imperativo con pronombres

1. Con pronombres reflexivos Propio de verbos reflexivos como levantarse, bañarse, acostarse, curarse, etc.	Levántate / levántese / levántense Báñate / báñese / báñense Acuéstate / acuéstese / acuéstense Cúrate / cúrese / cúrense
2. Con pronombres de objeto a. Objeto directo b. Objeto indirecto c. Objeto indirecto + directo	Tome el jarabe > Tómelo. Explica a Olga > Explícale. Di a Olga la verdad > Dísela.
Nota: 1. En los imperativos negativos, los pronombres van antes del verbo. 2. Con *nosotros,* se pierde la -s final.	1. No te levantes; no te bañes; no se lo digas; no nos los envíes. 2. Levantémonos; pongámonos; salgámonos.

23 **¿Qué me recomiendas? Tengo los siguientes problemas de salud. DISCUTE con tu compañero y ESCRIBAN una buena recomendación. USEN el imperativo informal del verbo dado.**

Problema	Recomendación
1. Tengo mucha tos.	(Tomarse)_____
2. Estoy muy estresado.	(Relajarse) **Relájate y descansa un poco**
3. Dormí solamente tres horas. Tengo mucho sueño.	(Acostarse)_____
4. Me duele la espalda.	(Hacerse)_____
5. Trabajé todo el día y me duele mucho el cuerpo.	(Darse una ducha)_____

24 COMPLETA las conversaciones. USA el imperativo informal y los pronombres de objeto adecuados.

1. A: ¿Dónde pongo las medicinas? **B:** _____ sobre la mesa.	**3. A:** ¿A quién le entrego estos exámenes? **B:** _____ al Señor López.

2. A: ¿Con qué frecuencia debo tomarme estas pastillas? **B:** _____ tres veces al día.	**4. A:** ¿Qué debo darle a mi niño para la fiebre? **B:** _____ este jarabe.

25 ELIGE el verbo apropiado y COMPLETA los diálogos. USA el imperativo formal (usted).

   Consumir sentarse pasar tomar aplicarse contar permitir tomarse seguir

Buenos días. 1._____me su tarjeta de seguridad social. 2. _____ y 3._____, por favor.

5. _____me qué siente.

He sentido mareos, náuseas y tengo el abdomen distendido.

4._____, por favor.

Usted tiene el colon inflamado. No 6. _____ comidas irritantes, no 7. _____ licor ni bebidas gaseosas. 8. _____ este medicamento antes de cada comida y 9. _____ esta inyección hoy.

26 Caminar, mejor que curar.
ESCUCHA el siguiente texto sobre las ventajas de caminar y RESPONDE:

7 1. ¿Cuáles de las siguientes ventajas son mencionadas en el texto?

__ **1.** Es económico. __ **5.** Mejora la digestión.
__ **2.** Incrementa la energía __ **6.** Mejora las relaciones personales.
__ **3.** Mejora el aspecto de la piel. __ **7.** No necesita compañía.
__ **4.** Es seguro.

2. El hablante menciona una serie de instrucciones. UNE el pronombre en negrita con el referente de la columna derecha.

1. Contróle**lo** _____ **a.** Presión en la sangre
2. Manténga**lo** _____ **b.** Huesos
3. Redúzca**la** _____ **c.** Peso
4. Fortalézca**los** _____ **d.** Probabilidades de infarto
5. Disminúya**las** _____ **e.** Nivel de colesterol

Otras formas de expresar el imperativo son:

Con la persona gramatical nosotros	Con vosotros	Con vos			Con infinitivo
Donemos sangre. Así ayudaremos a salvar muchas vidas.	**Venid a Murcia**	**Participá en la jornada de vacunación de este fin de semana**			
Se forma como en la primera persona del plural del presente de subjuntivo.	Se cambia la "r" del infinitivo por "d".	ar → -á visitá practicá	er → -é comé tosé	ir → -í asistí decí	No fumar / prohibido fumar

1. Simón se siente mareado y le duele mucho el tobillo. Carmen le sugiere que tome las cosas con calma. Le pide que le explique cómo era la culebra. Ella tiene un antídoto que no sirve para el veneno de las corales; pero, por lo que parece, la culebra no era una coral.

2. Carmen se alarma y dice que duda de que se salve sin ayuda médica. Los viajeros están cerca del río Atrato y toman una lancha que casualmente pasaba por el lugar.

3. Llegan al municipio de Honda, y se dirigen al centro de salud.

5. Pilar dice que es preferible que Simón se quede esa noche en el centro, en observación, y les pide que salgan para que lo dejen descansar.

6. Pilar les explica que él se va a recuperar, pero que es muy importante que evalúen sus signos vitales. Carmen le cuenta que están buscando a David, y ella le responde que tal vez esté en el Parque Nacional Los Katíos.

4. En La Honda tienen la suerte de encontrar a Pilar, una médica en su año obligatorio de práctica rural.

Practiquemos

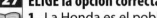

27 ELIGE la opción correcta:
1. La Honda es el poblado más cercano/con el mejor hospital de la zona.
2. Pilar es una doctora con muchos/pocos años de experiencia.
3. Simón les tiene miedo a las inyecciones/náuseas.
4. Carmen, Simón y Vladimir llegan al/salen del hospital en una embarcación/un auto.
5. Simón/Vladimir tiene que dormir en el hospital/parque Los Katíos.

28 RESPONDE:
1. ¿Qué síntomas presenta Simón? (Son tres).
2. ¿Qué deben evaluar los médicos al paciente durante la noche?
3. ¿Qué palabra de cariño usa Vladimir para referirse a la Doctora Pilar?
4. ¿Cómo se siente Carmen cuando recibe noticias de quien está buscando?

Pronunciemos Secuencias consonánticas

1 ESCUCHA y REPITE. Asegúrate de pronunciar todas las consonantes que están en itálica:

A.	B.	C.	D.
1. Obtuso	1. Amnesia	1. Acción	1. Circunstancias
2. Óptimo	2. Columna	2. Ficción	2. Constante
3. Óptico	3. Ómnibus	3. Texto	3. Institución
4. Objeto	4. Alumno	4. Extienda	4. Constituya
5. Subjetivo	5. Etnología	5. Excusa	5. Instalación
6. Submarino	6. Dignidad	6. Arácnido	6. Istmo
7. Apto	7. Diagnóstico	7. Acto	
8. Acepten	8. Asigne	8. Directo	
9. Concepción	9. Dogma	9. Práctica	
10. Opción	10. Estigma	10. Doctor	

2 ESCUCHA y REPITE las siguientes palabras. Presta especial atención al sonido final:
1. Virtud
2. Salud
3. Usted
4. Salid
5. Pensad
6. Actitud
7. Hábitat

3 SEÑALA lo que escuches:
1. Acción / opción
2. Aptitud / actitud
3. Cansado / casado
4. Lazo / laxo
5. Apto / hato / acto
6. Rato / rapto
7. Alto / harto
8. Estima / estigma
9. Ignorar / aminorar

4 ESCRIBE lo que escuches:

1. _____
2. _____
3. _____
4. _____

5 LEE en voz alta y con buen ritmo los siguientes trabalenguas:
1. "Exhorto a un exorcismo, ¿Quién me lo exorcizará? Aquel que me lo exorcice, un buen exorcizador será."
2. "Obtuvo extractos del texto Sixto y extrajo abstractos axiomas Calixto."

Algunas expresiones bolivianas (o bolivianismos)

Es posible que la altura de La Paz sobre el nivel del mar te cause alguna indisposición, como mareo, dolor de cabeza, etc. Entonces, seguramente vas a escuchar decir que te *asorochaste* (asorocharse), que es una expresión muy utilizada en Bolivia para este mal. Cuando alguien te sugiera tomar un *singani* (un licor hecho de uva) para que te cures, no lo hagas, es una *burrera* (error, algo sin sentido común). A quien te haga la sugerencia, puedes decirle *¡Dizqué!* (es decir, que dudas de lo que dice).

Un *tereré* en Paraguay

Cuando vayas al Paraguay, muy probablemente, tendrás la posibilidad de degustar un tereré, que es una infusión de hierbas helada. Un tereré acompañado de una agradable y relajada conversación puede ser la oportunidad para conocer sobre la idiosincrasia y la cultura de este bello país suramericano.

Almanaques

Nombre oficial:
República de Bolivia
Bandera:

Capital: Sucre (sede del poder judicial)
Nuestra Señora de La Paz (sede del poder ejecutivo y legislativo)
Otras ciudades: Santa Cruz de la Sierra, Cochabamba, Potosí, Tarija, Cobija, Trinidad, Oruro.
Idiomas cooficiales: Español, quechua, aimara, guaraní y otras 33 lenguas indígenas.
Fiesta nacional: Agosto 6: Día de la Independencia (1825)
Moneda: Boliviano (BOB)

Nombre oficial:
República de Paraguay
Bandera:
Capital: Asunción
Otras ciudades: Ciudad del Este, San Lorenzo, Villeta, Concepción, Villarrica, Fernando de la Mora.
Idiomas: Español y guaraní
Fiesta nacional: Mayo 15: Día de la Independencia (1811)
Moneda: Guaraní (PYG)

📖 Maravillas de Bolivia y Paraguay

Bolivia: gema de los Andes

Bolivia es un país de contrastes maravillosos, de superlativos. De este país suramericano pueden decirse muchas cosas: que tiene la ciudad capital más alta del continente (3650 metros sobre el nivel del mar), que posee los lugares más calientes y más fríos del planeta, los más secos, húmedos y ricos en recursos naturales; y, además, que cuenta con uno de los mayores porcentajes de población indígena del continente (aproximadamente el 60 % de sus habitantes pertenece a las comunidades Aimara, Quechua, Guaraní y a otros 30 grupos étnicos).

Si te interesa viajar por la Suramérica indígena, conocer todo el sabor y color de la cultura aborigen, Bolivia es una excelente opción. Allí, a través de numerosas agencias de viajes, podrás organizar fantásticos viajes para conocer sobre la cultura Inca (incluyendo Perú) o sobre la cultura Guaraní (incluyendo Paraguay).

Paraguay: Un país de gente hospitalaria

Paraguay es un fascinante país ubicado en las tierras internas de Suramérica. Junto con Bolivia, son los dos únicos países de América que no tienen salida a ningún océano. Lleno de pueblos con rica arquitectura indígena, colonial y moderna, Paraguay ofrece una gran variedad de actividades y lugares para todos los gustos. La cultura indígena Guaraní, que se extiende también a lo largo de Bolivia, Brasil y Argentina, ha ejercido una gran presencia en la cultura paraguaya, incluyendo la hospitalidad de su gente.

Practiquemos

29 RESPONDE:
1. ¿Cuál es el porcentaje de población indígena en Bolivia?
2. ¿Por qué puede decirse que Bolivia es un país de superlativos?
3. ¿A qué tipo de público está dirigido el texto sobre Bolivia?
4. ¿Qué es un *tereré*?
5. ¿En qué países hispanoamericanos tiene presencia la cultura indígena Guaraní?

Artes, letras y medios: cultura de Hispanoamérica

Capítulo 15

Santiago de Chile

Competencias comunicativas

- Hablar de personajes hispanoamericanos
- Hablar de probabilidades y suposiciones
- Expresar posibilidad, duda o certeza

- Expresar opiniones negativas y debatir

- Hablar de acciones futuras y de costumbres

Competencias interculturales de comprensión y expresión

- Episodio 15: **La trampa**
- Sonidos de la letra r
- El habla chilena

Competencias léxicas y gramaticales

- Personajes de la vida del mundo hispanoamericano
- Condicional simple: verbos regulares e irregulares
- Expresiones y adverbios para expresar posibilidad
  Expresiones de certeza y duda
- Subjuntivo en cláusulas nominales negativas

- Subjuntivo en cláusulas adverbiales de tiempo y de finalidad

- Chequeo y comprensión
- Vibrante simple y vibrante múltiple

Llegó la hora de la verdad: los tres viajeros están en Santiago de Chile y están a punto de comprobar si la historia del tesoro es ficción o es realidad. Las autoridades de este país autorizan a Inger para que haga las excavaciones a los pies de uno de los moáis de la isla de Pascua, pero en compañía de un arqueólogo experto. Los trámites toman quince días, así que aprovechan para conocer Santiago. Ellos todavía no lo saben, pero la Isla de Pascua les guarda sorpresas…

Inger: ¡No creo que pueda dormir en las próximas dos semanas! ¡Estoy tan emocionada! Deberías venir con nosotras. Serías una excelente compañía.

Mikkel: Había dicho que no iría, pero cambié de opinión. Claro que iré. Ya está muy cerca el desenlace, y no veo la hora de sentarme a escribir la crónica de este exótico viaje.

Inger: ¡Es imposible que no exista ningún tesoro! Qué tal que encontremos un cofre lleno de hermosas joyas y piezas antiguas enterradas allí desde hace siglos por nuestro pirata.

Mikkel: No creo que vayamos a encontrar ni un gran tesoro ni baúles con joyas.

Inger: Podríamos llevarnos una sorpresa…

Mikkel: Te propongo que, en lugar de hacer especulaciones, aprovechemos este tiempo para investigar acerca de Pablo Neruda, Gabriela Mistral y José Donoso.

Inger: ¡Vamos también al Museo de Arte Contemporáneo! Hay una retrospectiva de los pintores chilenos más importantes.

Mikkel: Y dentro de quince días nos vamos para la Isla de Pascua. ¿Por qué tu tatarabuelo elegiría un lugar tan lejano para ocultar un tesoro?

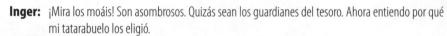

Inger: ¡Mira los moáis! Son asombrosos. Quizás sean los guardianes del tesoro. Ahora entiendo por qué mi tatarabuelo los eligió.

Mikkel: A ver… Tres pasos hacia el poniente de agosto, cuatro hacia la Estrella del Norte… Avanzar hasta quedar a cuarenta yardas del guardián que reposa entre el tercer caballero y el quinto…

Arqueólogo: Miren estas piedras; es muy posible que este sea el lugar que indica la equis del mapa. ¿Podrían ayudarme a excavar?

Mikkel: ¿Qué es eso? ¡Es un cofre antiguo! No lo puedo creer…

Inger: ¡Un cofre! ¡Un cofre! ¡Abrámoslo!

Mikkel: ¡Qué raro! No pesa casi nada… ¡Miren! ¡Esto no es ningún tesoro! ¡Sólo hay un escudo de armas oxidado, un casco de vikingo y una brújula!

Arqueólogo: Ojalá que estas piezas tengan algún valor… También hay un paquete…

Inger: ¡¿Qué tendrá por dentro?!

Practiquemos

1 **ELIGE la oración que mejor resuma cada escena del capítulo:**

Escena 1
1. Los tres personajes comentan sobre el contenido de un cofre de José Donoso.
2. Los personajes discuten sobre la veracidad de la historia del tesoro.
3. Los personajes acuerdan ir al museo de Pablo Neruda.

Escena 2
1. Descubren lo asombroso de las estatuas números tres y cinco.
2. Con la ayuda de un astrólogo, tratan de ubicar la Estrella del Norte.
3. Con la presencia del arqueólogo, tratan de ubicar el punto exacto del tesoro en la Isla de Pascua.

Escena 3
1. Encuentran un cofre muy pesado con objetos antiguos.
2. Encuentran un cofre que contiene objetos y un paquete no identificado.
3. No encuentran nada.

2 **Para empezar**
¿Cuánto conoces de Hispanoamérica?
Personajes de la vida actual. ¿A cuántos de estos personajes reconoces? ¿Qué sabes de ellos? CUENTA al grupo.*

Juanes   Alejandro Sanz   Ricky Martin   Penélope Cruz

3 **ENTREVISTA a un compañero y RESPONDE sus preguntas. Trata de que sea una conversación detallada y fluida, con preguntas alternadas:**

¿Conoces algún plato hispanoamericano? ¿Te ha gustado? ¿Lo recomiendas?
¿Te gusta algún cantante o grupo musical hispanoamericano?
¿Te gusta alguna canción? ¿De qué se trata? ¿Has buscado la letra?
¿Conoces libros o autores hispanoamericanos? Menciónalos y expresa tu opinión.
¿Recuerdas alguna película o programa de televisión en español?
¿Has visitado alguna ciudad hispanoamericana? ¿Cuál te ha gustado más?
¿Qué aspecto de la cultura hispanoamericana te inquieta, no entiendes o no compartes?

4 **LEE:**

En un proyecto impulsado por la televisión chilena, se preguntó vía Internet, quiénes eran los chilenos más reconocidos en el mundo de las artes y las letras. La encuesta, que finalizó el 7 de diciembre de 2007, señaló que Pablo Neruda era el chileno más recordado.

La siguiente es la lista de los ganadores:
1. Pablo Neruda
2. Gabriela Mistral
3. Violeta Parra
4. Alberto Hurtado
5. Manuel Rodríguez
6. Arturo Prat
7. Lautaro
8. Víctor Jara
9. José Miguel Carrera
10. Salvador Allende

© Agencia EFE

5 **RESPONDE:**
A. ¿A cuántos de esta lista conoces? ¿Qué sabes de ellos?
B. ELIGE un personaje de tu interés y busca información sobre él o ella en la Internet. En la próxima clase, CUÉNTALE al grupo:
• ¿Quién es el personaje? (Datos sobre su actividad, época, etc.)
• ¿Qué te llama la atención de él/ella?

6 **ESCRIBE una lista de los tres personajes más representativos de tu país y EXPLICA por qué son famosos. Luego CUENTA al grupo el resultado de tu ejercicio.**
1. _____
2. _____
3. _____

* Personajes: Shakira, Juanes, Alejandro Sanz, Ricky Martin, , Penélope Cruz

¿Por qué no vendría?
Hablar de probabilidades y suposiciones

Gramática — El condicional simple: verbos regulares e irregulares

El **condicional simple** es un tiempo realativo y sirve para hablar de acciones posibles o probables.

A. Usos

1. Como su nombre lo indica, es frecuente para expresar condición.

2. Dar consejo.

3. Expresar cortesía.

4. Manifestar suposiciones o hipótesis sobre el pasado.

5. "Futuro del pasado": expresa una acción o situación posterior a otra del pretérito.

Ejemplo

Yo *podría*, pero después de las seis y media.

Yo que tú, lo *llamaría*.
¿Alguien *querría* acompañarme?
Tendría quizás algún contratiempo…
Ese día conocí la mujer que después *sería* mi esposa.

B. Forma

El **condicional simple** se forma con el **verbo en infinitivo** + las terminaciones específicas para este tiempo verbal:

Pronombre personal	Terminación	1. Verbos regulares	2. Verbos irregulares*	
yo	-ía	ayudar: ayudaría	caber: cabría	querer: querría
tú, vos	-ías	caer: caería	decir: diría	saber: sabría
usted, él, ella	-ía	oír: oiría	haber: habría	salir: saldría
nosotros/as	-íamos		hacer: haría	tener: tendría
vosotros/as	-íais		poder: podría	valer: valdría
ustedes, ellos, ellas	-ían		poner: pondría	venir: vendría

*Hay doce verbos irregulares para el **condicional simple**. Son los mismos del **futuro simple** (Ver Maravillas del español tomo 2, página 83).

Practiquemos

7 **LEE con un compañero este fragmento del cuento *La casa de El Llano*, de la escritora chilena Cynthia Rimsky, nacida en Santiago, en 1962.**

A la casa de adobe fuimos con la esposa del dueño de las micros, con la hija que estudiaba Odontología en Guayaquil, en el minibús que la mujer —directora de la escuela— usaba para transportar a los niños. Nos detuvimos poco antes de una pequeña subida; pensé que acababa el camino, en realidad, para seguir a Tilama los autos debían cruzar el río y seguir por el otro lado. El Llano está al final del camino que corre por este lado de la quebrada, son apenas diez casas. Al cabo de algunas semanas cada casa tendría sus habitantes, sus nombres, sus costumbres, sus sonidos para cada momento del día; aparecerían la iglesia evangélica, los fieles que todos los domingos cruzan el puente colgante y, al final del camino, resonarían las herraduras de los caballos que conducen a los campesinos a la cantina. La casa perteneció al padre del dueño de las micros. Como todavía no hacían la posesión efectiva que les permitiría dividirla entre los hermanos, no era legalmente de nadie. La directora tenía allí unas gallinas, iba a sacar fruta para hacer mermelada, y el esposo comercializaba las paltas. Al interior de la casa todo estaba como la dejó el anciano antes de morir. Su chaqueta colgada de un clavo, los aliños en la cocina, la fuente plástica para lavar la loza, las fotografías familiares coloreadas, el cojín en su sillón… aquellos objetos ajenos fueron los primeros familiares en ese, mi primer día de campo.

(Tomado de http://www.letrasdechile.cl/mambo/index.php?option=com_content&task=view&id=1634&Itemid=33)

8 **RESPONDE:**

1. ¿Qué significa "al cabo de algunas semanas"?

    a. Hace muchos años   **b.** Después de unas semanas   **c.** Ningún día

2. ¿En este fragmento qué uso tienen los verbos que están en condicional simple?

    a. Dar consejo   **b.** Expresar cortesía.   **c.** Declaraciones hipotéticas   **d.** Hacer suposiciones en el pasado   **e.** Hablar del "futuro del pasado"

9 **ENCUENTRA** en el fragmento anterior los verbos que están en condicional simple y **ESCRÍBELOS** en la siguiente tabla. **ESCRIBE** en la columna izquierda los regulares para este tiempo verbal y en la derecha los irregulares.

Regular	Irregular

10 **ENCUENTRA** otros siete verbos conjugados que no estén en condicional simple y **HAZ** una tabla. **SIGUE** el modelo.

a. ESCRIBE cada verbo.   **b.** ESCRIBE su infinitivo.   **c.** CONJÚGALO en condicional simple.

Verbo	Infinitivo	Condicional
Fuimos	ir	iríamos **(Modelo)**

11 **CONTINÚA** cada diálogo. **ENCUENTRA** en las opciones de abajo la respuesta correcta.

1.
A: Mi sueño es ser actriz.
B: D

2.
A: Camila no ha confirmado su asistencia.
B: A

3.
A: David y Ana no vinieron a la cena.
B: B

4.
A: Es Paul. Me pide que vaya. ¿Voy o no voy?
B: E

5.
A: Tengo dos boletos para el concierto de rock.
B: C

a. Ella me dijo que asistiría.

b. ¿Por qué no vendrían? ¿Tendrían algún problema?

c. ¿Te gustaría acompañarme?

d. Tú serías excelente en obras dramáticas.

e. Yo en tu lugar, iría.

12 **EXPLICA** a qué uso del condicional simple corresponde cada respuesta del ejercicio anterior.

13 **RESPONDE** las siguientes preguntas. **USA** verbos en condicional simple y **ESCRIBE** frases completas.

1. Eres un escritor. ¿Sobre qué temas escribirías?

2. Eres un cantante famoso. ¿Qué música interpretarías?

3. Eres un mago y puedes convertirte en otro personaje. ¿En quién te convertirías? ¿Por qué?

4. Puedes volver a nacer. ¿Serías la misma persona? ¿Qué cambiarías?

14 **ENTREVISTA** a tu compañero. **PÍDELE** que te responda las anteriores preguntas. **REPORTA** sus respuestas al grupo.

Es posible que mañana nos reunamos
Expresar posibilidad, duda o certeza

Iban a transmitir la entrega de los premios por televisión. ¿Por qué no los transmitirían?

Puede ser que la entrega sea más tarde.

¡Es probable que estemos mirando el canal equivocado!

Es posible que mañana nos reunamos en mi casa a tocar guitarra. ¿Te gustaría ir?

Claro. ¡Me encantaría!

Es muy probable que no llueva, entonces posiblemente prepararemos también una barbacoa.

Gramática — Expresiones para expresar posibilidad con subjuntivo

Es posible que… Posiblemente… Es probable que… Probablemente… Puede (ser) que…	+ subjuntivo	**Es posible que** mañana nos reunamos… **Posiblemente** estemos todos los del grupo. **Es probable que** estemos mirando el canal equivocado. **Probablemente** la entrega sea más tarde. **Puede que** salgamos después a dar serenatas.

Practiquemos

15 **LEE la invitación que Carolina les mandó a todos sus contactos en una red social hace cuatro días.**

Hola, a todos:

Los del grupo de punk *Los Irracionales* tenemos planeado reunirnos mañana en el parque central de la universidad para dar un concierto sorpresa al aire libre. Vamos a interpretar el repertorio con las canciones que más éxito han tenido y algunas nuevas que harán parte de nuestro próximo disco.

Vamos a regalar camisetas, llaveros, gorras y paraguas con el logo de nuestro grupo. También ofreceremos pizza, bebidas gratuitas y café recién preparado. Vamos a vender el Cedé (CD) a precio especial (US $ 6.00). El concierto será a las ocho a.m. El pronóstico del tiempo es de lluvia moderada y viento suave, así que, ¡vayan preparados!

Esperamos que nos acompañen.

16 **RESPONDE las siguientes preguntas. ESCRIBE oraciones completas.**
1. ¿Asistirías a un concierto como este? ¿Por qué?
2. ¿Crees que iría mucha gente? ¿Por qué?
3. ¿Ves probable que el CD tenga éxito gracias al concierto?
4. ¿Comprarías el CD? ¿Por qué?
5. ¿Crees probable que el concierto se repita?

17 **HABLA sobre cultura hispanoamericana. USA las expresiones y adverbios para expresar posibilidad:**
No estoy seguro/a, pero posiblemente… /No sé, pero es probable… /Lo ignoro, pero es posible…
/No tengo la información exacta, pero puede ser que…
1. ¿Sabes de dónde es el grupo de rock Los Prisioneros? ¿Te gusta su música?
2. ¿Cuáles escritores latinoamericanos han ganado el Premio Nobel de Literatura?
3. ¿Ya viste la película Biutiful? La dirigió Alejandro González Iñárritu. ¿De dónde será?
4. ¿Has ido a una subasta de arte? ¿Cuánto puede valer una obra del maestro Fernando Botero?

Gramática — Expresiones de certeza + indicativo vs. expresiones de duda o negación + subjuntivo

Certeza + indicativo	Duda o negación + subjuntivo
Estoy segura de que es así.	**No estoy segura** de que sea así.
Es cierto que nos conocemos.	**No es cierto** que nos conozcamos.
Es seguro que habla tres idiomas.	**No es seguro** que hable tres idiomas.
Es verdad que cantan afinado.	**No es verdad** que canten afinado.
No hay duda de que conduce bien.	**Es dudoso** que conduzca bien.

Practiquemos

18 LEE la siguiente historia y COMPLETA con la forma correcta del verbo en indicativo o subjuntivo.

MISTERIO EN EL MUSEO DE ARTE

Esta pintura tiene algo extraño. No estoy segura de que (1. ser) _sea_ la obra original. Es cierto que, a simple vista, todo (2. verse) _se ve_ normal, pero yo soy detective y aquí veo que hay algo inusual. ¿Por qué? Elemental, mi querido amigo: en primer lugar, no hay duda de que la alarma (3. estar) _está_ desactivada; cual-quiera lo puede verificar. En segundo lugar, no es posible que aquí (4. haber) _haya_ un fantasma que (5. hacer) _haya_ bromas. Observe bien: el cuadro está torcido —sin duda lo (6. estar) _está_ — y es más pequeño que la marca que (7. dejar) _deja_ el original en la pared. Además, el barniz del marco todavía está fresco. En conclusión, puede ser que (8. tratarse) _se trate_ de una falsificación. Tenemos que resolver este misterio en el museo de arte...

19 REACCIONA con tu opinión. USA las expresiones de posibilidad, duda, negación y certeza. SIGUE el modelo.

Modelo: ¿Sabías que un coleccionista de arte pagó más de 100 millones de dólares por una obra de Pablo Picasso? No creo que alguien pague tanto dinero por un cuadro.

¿Sabías que...

1. ...una noche en el hotel Burj Al Arab, en Dubai, cuesta 28 mil dólares?

2. ...en Francia vive una mujer que tiene 116 años de edad?

3. ...en India, una mujer es madre de 42 hijos?

4. ...en México existen más de 64 lenguas indígenas?

5. ...mil millones de personas viven todavía en el mundo con menos de un dólar al día?

No creo que sea tan valiosa
Expresar opiniones negativas y debatir

¿Puedes creer que se pagó doscientos mil dólares por esta obra?

No considero que cueste tanto dinero.

De acuerdo. Tal vez haya un error en el precio. De todos modos, **no creo que** sea tan valiosa. Es basura.

Con todo respeto, **no me parece bien que** hables así de una obra. Este es un pintor todavía desconocido, pero tal vez llegue a convertirse en un artista famoso.

¡Bah! A veces pagan unas cantidades increíbles por obras de arte que **no pienso que** sean tan buenas.

Gramática   Subjuntivo en cláusulas nominales negativas

Negación	Verbo		Ejemplo
No +	aprobar	+ que + subjuntivo	**No veo que** ella esté preparada para el examen.
	considerar		**No consideramos** posible **que** podamos ganar el premio.
	creer		**No cree que** sea tan valiosa.
	parecer		**No parece** una buena idea que te niegues a cantar.
	pensar		**No piensan que** podamos llegar a tiempo.

Practiquemos

20 LEE este fragmento de la columna de opinión de Egon Dabovich, publicada en el diario chileno La Nación:

Entre inventar la rueda dos veces y la innovación

"[…] ¿quién innova? Alguna literatura nos pondrá en primer lugar como objeto de respuesta, es decir, todos nosotros estamos en condiciones de innovar. ¡Cierto! Pero (1) omite un detalle, no menor a mi juicio. (2) Innova aquel que sistemáticamente se prepara para hacerlo, se entrena y practica con ímpetu. (3) Innova aquel que tiene "hambre" de mundo, de conocer lo desconocido. ¿Quiere un ejemplo? La laguna artificial más grande del mundo de San Alfonso del Mar. (4) Innova aquel que, cuando mira para el lado, no ve otros ejemplos que lo guíen, no tiene resultados anteriores ni experiencias previas,

más que aquellas, que en su mejor entender, pudo racionalizar, imaginar y proyectar por sí mismo. (5) Innova ese que, en verdad, está dispuesto a correr riesgos, a hipotecar prestigio, a perder crédito, a fracasar en el intento, a perder su liderazgo. (6) Aquel que tiene fe, y convence a un grupo de incrédulos, que "El Dorado" se construye. (7) Estoy convencido, que no todo lo que se vende como innovación, realmente lo es. Hay quienes venden su cuento, oportunistas del lobby, que no están dispuestos a realizar el sacrificio personal y financiero que significa innovar. Además, (8) porque no saben ha-

cerlo; mentalmente no están preparados; su visión se acostumbró a mirar en las sombras. Finalmente, la innovación, no es un tema acotado al ámbito organizacional. (9) Es una habilidad, que se práctica y se perfecciona en la vida cotidiana. (10) El innovador o la organización innovadora, es un actor social necesario, útil, y requerido."

(Egon Dabovich, viernes 5 de agosto de 2011, http://www.lanacion.cl/entre-inventar-la-rueda-dos-veces-y-la-innovacion/noticias/2011-08-05/092100.html)

21 OPINA sobre las afirmaciones de Dabovich. USA el subjuntivo y NIEGA o DEBATE con varias oraciones los textos subrayados para este ejercicio. SIGUE el modelo.

Modelo: Todos nosotros estamos en condiciones de innovar.

Opinión: No creo que todos nosotros estemos en condiciones de innovar, porque hay jefes que despiden a sus empleados si se atreven a cambiar el orden establecido.

Practiquemos

22 Vas a escuchar un segmento de un programa radial. En él, el profesor Bonilla habla sobre temas relacionados con los medios de comunicación, la política y la cultura. Hoy habla sobre los programas de realidad o *realities*.
ESCUCHA y ELIGE la opción correcta.

1. Para el profesor Bonilla, en la televisión la gente busca historias interesantes.
   a. Falso   **b.** Verdadero
2. Según el Profesor, los televidentes quieren ver gente profesional en los programas que ven.
   a. Falso   **b.** Verdadero
3. A los programas de realidad les interesa más mostrar lo que pasa en la convivencia, que promover talento.
   a. Falso   **b.** Verdadero
4. El profesor dice que los *realities* presentan:
   a. una realidad que no queremos ver   **b.** una crisis sentimental   **c.** un déficit político
5. El profesor considera que el formato *reality* es _____ para la sociedad.
   a. malo   **b.** ni malo ni bueno   **c.** bueno

23 El cine chileno
LEE las siguientes referencias a dos películas chilenas: *El Brindis* y *Paréntesis*. Luego ESCRIBE el nombre de cada una en la línea correspondiente.

1. *El Brindis* _____ (Shai Agosin, 2007)
Es la historia de Isidoro, un judío anciano, quien para celebrar su "Bar Mitzvá", invita a toda la familia que lo ha acompañado desde hace años; entre ellos a los hijos de su matrimonio: Carlos, presidente de la comunidad, de estilo muy conservador, y Rubén, un poco más relajado y empático. Pero además invita a Emilia, la hija que tuvo con su amante y a quién abandonó hace muchos años. Allí empieza el clímax de la historia.

2. *Paréntesis* _____ (Francisca Schweitzer, Pablo Solís, 2005)
El personaje central, Camilo, de 28 años es una persona poco estable y esto hace que su novia le pida una semana para alejarse un poco el uno del otro y aclarar sus pensamientos. Durante este paréntesis, Camilo conoce a Mikela de16 años, con quien aprende una manera más sencilla de vivir la vida. Camilo, entonces, siente un importante cambio, un equilibrio en su vida hasta el día que Mikela desaparece...

24 RESPONDE las siguientes preguntas. USA las distintas formas de expresar opiniones.
1. ¿Te parecen interesantes las dos historias? ¿Por qué?
2. ¿Te gustan las historias basadas en hechos reales? ¿Por qué?
3. ¿Te parece posible que una niña le cambie a un adulto por completo la forma de vivir la vida? ¿Cómo?
4. ¿Cuál crees que sea el desenlace de la primera película? ¿Por qué?

25 LEE el siguiente artículo. COMPARA la televisión latinoamericana con la de tu país. DISCUTE con un compañero.

La televisión en Latinoamérica

La televisión en Latinoamérica, como en casi todo el mundo, es parte de la vida diaria. Es muy común que en un hogar haya hasta dos y tres televisores. Muchas horas de la vida hogareña se viven alrededor de esta "caja mágica". Los noticieros (noticiarios dicen en Cuba, el Salvador, Guatemala y Venezuela), las telenovelas, los seriados, los documentales y las películas ocupan gran parte del tiempo de emisión de la televisión regional o nacional. Igualmente, existe un tipo de programas que se han vuelto muy populares en Latinoamérica, al igual que en muchos países del mundo: los programas de reality (a veces llamados de tele realidad), donde se destacan varios tipos: supervivencia, encierro, entretenimiento-artístico, conoce mi vida y estrategias, entre muchos otros. Pero en gran parte de Hispanoamérica las telenovelas son quizá el producto televisivo más importante y un infaltable componente de la cultura popular. En países como Colombia, Venezuela, Argentina y México se han hecho numerosas telenovelas muy exitosas, como *Café*, *Betty la Fea* y *Pasión de gavilanes*, las cuales han dado la vuelta al mundo en diferentes idiomas y han sido objeto de numerosas adaptaciones.

26 DISCUTE con tu compañero:
1. ¿Te gusta la televisión de tu país? ¿De otros países?
2. ¿Qué tipo de programas son los más populares en la televisión de tu país?
3. ¿Qué te disgusta de la televisión en tu país? (Ejemplo: me disgusta que tengan tantos comerciales).
4. ¿Las telenovelas son populares en tu país?
5. ¿Cuáles son las más reconocidas?
6. ¿Consideras que las telenovelas son "telebasura"?

Hola, Mario. Respóndeme **cuando tengas** tiempo. Casi nunca me contestas **cuando te llamo**.

Es mi madre.

Tiene razón. Solo la llamas **cuando** tienes tiempo.

Quizá tengas razón. Ya es muy tarde, así que la llamo mañana **cuando me despierte**.

Te propongo que vayamos a visitarla de sorpresa. Puedes imaginar cómo se alegrará **cuando nos vea**.

Gramática   El subjuntivo en cláusulas subordinadas adverbiales de tiempo

Expresar tiempo			
Conector	**Modo**	**Lo que expresa**	**Cláusula subordinada**
Cuando En cuanto Inmediatamente	+ subjuntivo o indicativo	expresa futuro expresa un hecho repetido o una costumbre.	**Cuando *tenga*** tiempo, te respondo. **Cuando *tengo*** tiempo, respondo los correos.

Ver tabla en la página 103

Practiquemos

27 LEE con un compañero estos fragmentos de canciones y poemas, con los nombres de sus autores o de sus intérpretes entre paréntesis. COMPLETA el texto. CONJUGA el verbo en el tiempo correcto.

1. "Me gusta cuando (tú / callar) *Callas* porque estás como ausente." (Pablo Neruda)

2. "Cuando (tú / irse) *te vayas*, llevaré dentro de mí tu figura." (Alberto Cortez)

3. "Cuando (yo / enamorarse) *Me enamoro*, yo le doy la vida a quien se enamora de mí." (Angélica María)

4. "Cuando lejos (tú /encontrarse) **a.** *te encuentres* de mí, cuando (tú / querer) **b.** *quieras* que esté yo contigo, no hallarás un recuerdo de mí…" (José Alfredo Jiménez)

5. "Piensa en mí, cuando (tú / sufrir) **a.** *Sufras*. Cuando (tú / llorar) **b.** *llores* también piensa en mí." (Agustín Lara)

6. Cuando (yo / estar) *estoy* contigo, no sé qué es más bello: si el color del cielo o el de tu cabello." (Armando Manzanero)

7. "Cuando tú no (estar) *estás*, me falta el aire para respirar." (Carlos Baute)

8. "Cuando (tú volver) *vuelvas*, volarán las palomas por el cielo." (José Luis Perales)

28 LEE con tu compañero los siguientes refranes. ¿Qué significan? OBSERVA qué expresa en cada uno el adverbio *cuando*: ¿futuro o hábito?

1. Cuando el chancho vuele y la perdiz críe cola.

2. Cuando la barba de tu vecino veas cortar, pon la tuya a remojar.

3. Cuando el río suena, piedras lleva.

4. Cuando llueve, todos se mojan.

5. Cuando uno menos piensa, salta la liebre.

6. Cuando busques amor, no busques la belleza, busca el amor, que es lo que interesa.

29 ELIGE uno de los intérpretes del ejercicio 27 e investiga sobre ellos. INCLUYE información como:

1. ¿Cuál es su país de origen?

2. ¿De qué época es su producción artística?

3. ¿Cuáles han sido sus obras más destacadas?

4. Otra información de interés.

30 REPORTA al grupo la información hallada.

Gramática | El subjuntivo en cláusulas subordinadas de finalidad

Para que	+ subjuntivo	¡Es **para que podamos** ver las fotos!
Conectores similares: con el fin de que, con el objetivo de que, a que.		

Ver tabla en la página 102

Las cláusulas nominales con el conector **para que** siempre van en subjuntivo.

Practiquemos

31 **Jorge deja a Adelaida un mensaje en el teléfono.**
1. LEE y COMPLETA con los verbos en subjuntivo o indicativo.
2. BUSCA y SEÑALA las cláusulas adverbiales (cuándo y para qué).

La obra de teatro

Adelaida, te llamo a pedirte que (tú / reservar) **_reserves_** por favor una hora de tu tiempo, <u>para que</u> (1. nosotros / hablar) **hablemos** de la obra que Diego, el director del grupo de teatro, quiere que (2. nosotros / presentar) **presentemos** en el próximo festival internacional. Es mejor que le (3. nosotros / dar) **demos** por lo menos dos opciones y que las (4. nosotros / tener) **tengamos** claras <u>cuando</u> nos (5. él / llamar) **llame** y nos (6. preguntar) **pregunte** cuál creemos que (7. ser) **sea es** la mejor decisión. Es una buena idea que (8. tú / saber) **sepas** lo que debes tener en cuenta, <u>cuando</u> (9. tú / preparar) **prepares** el presupuesto que (10. necesitar) **necesita** el equipo encargado de la escenografía. Quizá yo (11. poder) **pueda** preparar también el presupuesto del vestuario. Según oí decir, posiblemente el director y el libretista (12. programar) **programen** una reunión extraordinaria para escuchar lo que nosotros les (13. proponer) **propongamos**. Es muy probable que él acepte lo que le (14. nosotros / sugerir) **sugiramos**. ¡Puede ser que en esa misma reunión se (15. elegir) **elijamos** la obra definitiva! ¿Quieres venir o prefieres que yo (16. ir) **vaya** a tu oficina?

32 **ESCUCHA el texto sobre el Festival de Viña del mar y ELIGE después la opción correcta.**
El Festival de Viña del Mar: una gran plataforma musical

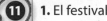

1. El festival se celebra hace:
    a. más de 40 años   **b.** menos de 40 años   **c.** 40 años
2. En el certamen participan:
    a. solo artistas latinoamericanos   **b.** grupos folclóricos   **c.** artistas de todo el mundo
3. El festival se realiza:
    a. al final del año   **b.** a comienzos del año   **c.** a mediados del año
4. El nombre del concurso es:
    a. Festival de Viña del Mar   **b.** Festival de la Canción de Chile   **c.** Festival de la Canción hispana

Simón Acero está en el centro de salud de La Honda recuperándose de la mordedura de la serpiente, y Carmen y Vladimir están con él. Mientras tanto, David sigue extraviado en la selva. Está en compañía de Mónica, una colega en la que no confía. Mónica no le quiere prestar el GPS para averiguar la ubicación en la que se encuentran.

1. Mónica: Te quiero ayudar; pero si sales de aquí, sales conmigo.
David: Tú y tus cómplices ya tramaban algo cuando me invitaron a cenar en casa de Susana.

2. David: Y el profesor Ballesteros, ¿no vino?
Alvarado (incómodo): No… no pudo…, pero…, sigue. Mónica y Ramón ya llegaron. Susana está preparando la cena.

3. Alvarado: Yo me ocupo de las bebidas. Ven conmigo al bar.

4. Ramón: En el campo de los recursos genéticos, se ha hecho muy poco en América Latina.
David: Pero… todavía no se conocen todas las consecuencias sobre el uso y liberación de los o-ve-emes.

5. Ramón: ¡Hasta cuándo tenemos que esperar? Yo espero los beneficios AHORA.
David: ¿No te das cuenta, Ramón? Se trata de un problema de bioseguridad. Hay gente deshonesta que hace acuerdos personales con compañías extranjeras y se llevan la información genética.
Susana (interrumpe): Voy a servir la cena. ¿Algún voluntario?
Alvarado: David, ve, ayúdale a Susana a servir la cena.

6. Mónica: No creo que David nos perjudique. Además, él conoce muy bien la investigación de Ballesteros.
Ramón: ¡Nada dañará nuestros planes!

7. David: Eres una magnífica cocinera, Susana. Este pescado está riquísimo.
Susana: Se llama "Tiradito". La receta me la dio una amiga peruana.
Mónica: Es verdad.

8. Mónica: No, no lo soy. Por eso no voy a cumplir con mis órdenes, y mejor me voy. ¡Te dejo a tu suerte, en manos de la jungla!

Practiquemos

33 **ORGANIZA el orden en que suceden los siguientes hechos:**

___ Los invitados comentan sobre la comida.

___ David insiste en su posición sobre la necesidad de proteger la información genética de países latino-americanos.

___ David recuerda la conversación de la noche anterior a su salida para el Chocó, en casa del Doctor Alvarado.

_1_ David y Mónica discuten sobre la confianza entre ambos.

___ El profesor Alvarado y Mónica hablan sobre David.

___ El profesor prepara un coctel.

___ Organizan la mesa y sirven la cena.

___ Todos discuten sobre los desarrollos genéticos en América Latina.

ELIGE la información correcta:

34
1. Mónica *quiere* / *no quiere* entregarle a David su GPS.
2. David *desconfía de* / *confía en* empresas internacionales.
3. Ramón se muestra *impaciente* / *desconfiado* por ver los resultados de las de los OVMs.
4. Mónica no considera que David sea *un peligro* / *una ayuda* para sus planes.
5. *El pescado de la cena* / *una amiga de Susana* es del Perú.

Pronunciemos La letra r en sus formas vibrante simple / ɾ / y vibrante múltiple /r/

1 **ESCUCHA y REPITE:**

1. Reloj.	5. Honrado.
2. Narrar.	6. Israel.
3. Torre.	7. Aro.
4. Alrededor.	

2 **ESCUCHA y ELIGE:**

1. Caro / carro.	4. Coro / corro.
2. Parra / para.	5. Amara / amarra.
3. Poro / porro.	6. Quería / querría.

> **OBSERVA la etimología:**
>
> Cuando la letra r está después de los prefijos sub- y post- se pronuncia como parte de la sílaba que sigue al prefijo y es fuerte.
> Ejemplos:
> Subrayar /sub-ra-yar/
> Postrevolucionario /post-re-vo-lu-cio-na-rio/

3 **PRACTICA este trabalenguas:**

"Parra tenía una perra
Y Guerra tenía una parra,
Y que la perra de Parra
dañó la parra de Guerra.

Y Guerra cogió una porra
y le dio un porrazo a la perra,
que era de Porras Parra
y dañó la parra de Guerra."

(Tomado de Cúcuru mácara: Poesía folklórica, Selección de Silvia Castrillón, Ilustraciones de Alekos, Bogotá: Norma 1987 [sin paginación])

Variantes regionales en la pronunciación de la r

Escucha las siguientes diferencias:

Corro / Corto [Leído por un puertorriqueño, un argentino, un peruano o colombiano y un costarricense]

• Argentina (algunas regiones de norte): r fuerte (múltiple), prepalatal, tendiendo a sibilante, es decir, la punta de la lengua tiende al paladar y la vibración es menor.

• Costa Rica: más palatal retrofleja, es decir, la punta de la lengua tiende a irse a la parte de atrás de la boca y a hacer una curvatura.

• Puerto Rico y el Caribe: lateral /l/ y uvularizada (se pronuncia en la parte posterior)

Es útil conocer estas variantes para comprenderlas, pero es preferible permanecer en una pronunciación más generalizada.

El habla chilena

Aunque en la mayoría de los países hispano-hablantes la pronunciación de la letra s es claramente audible y conserva sus características fonéticas más conocidas (consonante sibilante palatal sorda), los hablantes de las tierras costeras de Hispanoamérica tienden a no pronunciarla o a pronunciarla aspirada, cercana a la j. Chile es un buen ejemplo de esto; en parte, porque la mayoría de su territorio está ubicado en el litoral Pacífico:

—¿Cómo estás? /¿Cómo ehtáh?/
—Estoy más o menos bien, gracias. /Ehtoy mah o menoh bien, graciah /.

Chile es también uno de los países hispanoamericanos donde es común el debilitamiento de la d entre dos vocales:

—Hoy he trabajado todo el día. ¿Y vos? /Hoy he trabajao duro too el día. ¿Y voh? /.
—Yo he trabajado duro todos los días /Yo he trabajao duro tooh loh diah /.

En Chile también se suele cambiar la conjugación de la segunda persona singular (tú o, más comúnmente, vos, pronunciado voh), y se nota más en la zona metropolitana de Santiago, con una tendencia a alterar la vocal final acentuada:

¿Cómo estás? = ¿Cómo estái?
¿Querés? = ¿Queríh?
¿Sabes,...? = ¿Sabíh,...?
¿Vas a ir? = ¿Vái a ir?
Si no querés ir = Si no queríh ir...
Vos sabés que = Voh sabí que...

Un caso de especial interés es el chilenismo ¿cachái? (¿entendés?), de uso muy común en el habla oral. Es una adaptación del inglés ¿catch it? con la forma de conjugación del vos chileno y la omisión de la consonante final.

Almanaque

Nombre oficial:
República de Chile

Bandera:

Capital: Santiago de Chile

Otras ciudades:

Chile está dividido en quince regiones: Tarapacá, Antofagasta, Atacama, Coquimbo, Valparaíso, Región Metropolitana de Santiago, Libertador General Bernardo O´Higgins, Maule, Biobío, La Araucanía, Los Ríos, Los Lagos, Aisén del general Carlos Ibáñez del Campo, Magallanes de la Antártica Chilena, y por último Arica y Pinacota.

Idiomas: Español (oficial)
Moneda: Peso chileno (CLP).

📖 Maravillas de las letras chilenas

© ZUMA Press

José Donoso (Santiago, 1924-1996)
Importante escritor, representante del boom latinoamericano. Estudió Literatura en la Universidad de Chile. Profesor universitario en Estados Unidos y Chile. Obras importantes: *Coronación* (1958), *Este domingo* (1966), *Veraneo y otros cuentos* (1955), *El Charlestón* (1960), *Cuentos* (1971) y *Taratuta* (1991), siendo *El obsceno pájaro de la noche* (1970) su obra más reconocida. Después de residir en España por aproximadamente 14 años, regresó a Chile, donde en 1991 recibió el premio Nacional de Literatura y en 1995, la condecoración Gabriela Mistral.

© Agencia EFE

Gabriela Mistral (Vicuña, 7 de abril de 1889 - Nueva York, 10 de enero de 1957)
Tomó su seudónimo hacia 1914 y lo mantuvo en sus obras sucesivas. Se destacó como poetisa, diplomática y pedagoga. Fue la primera literata latinoamericana en ganarse el premio Nobel (Suecia, 1945), además de numerosos títulos honoris causa de diferentes universidades dentro y fuera de Chile. En 1951 recibió el Premio Nacional de Literatura en Chile, como reconocimiento a su producción poética. Entre sus obras más reconocidas se encuentran *Sonetos de la Muerte*, (su primera obra, 1914), *Desolación* (1922), *Ternura* (1924), *Tala* (1938) y *Recados contando a Chile* (1957). El gobierno de México la invitó a ese país en 1922, y se quedó allí casi dos años, trabajando con los intelectuales más destacados de aquel entonces.

© Agencia EFE

Isabel Allende Llona (Lima, 2 de agosto de 1942)
Escritora y dramaturga. Sobrina de Salvador Allende, el presidente chileno derrocado por Pinochet. Isabel Allende llegó a la fama con su novela *La casa de los espíritus* (1982), sobre la cual hizo el cineasta sueco Bille August la película del mismo nombre (1993). Isabel Allende publicó después obras como *El embajador* (teatro, 1973) *La casa de los siete espejos* (teatro, 1975), *De amor y de sombra* (1984), *Eva Luna* (1987), *El plan infinito* (1991), *Paula* (1994), *Afrodita* (1997), *Hija de la fortuna* (1999), *Retrato en sepia* (2000) y el libro de memorias *Mi país inventado* (2003). Es posible que sea la más popular novelista iberoamericana. Su trabajo ha sido traducido a más de 25 idiomas y sus libros vendidos llegan a más de 35 millones de ejemplares.

© Agencia EFE

Pablo Neruda (Parral, Chile, 12 de julio de 1904 - Santiago, 23 de septiembre de 1973)
Poeta, escritor, diplomático y político. Su nombre original era Neftalí Ricardo Eliécer Reyes Basoalto. Fue embajador de Chile en Francia. Ganó el Premio Nobel de Literatura en 1971 y es uno de los poetas más influyentes del siglo XX en el mundo de habla hispana. Su libro más famoso, *Veinte poemas de amor y una canción desesperada* (1924), muestra de manera clara una influencia del Modernismo. Posteriormente, incorpora una intención más vanguardista en tres breves libros publicados en 1926: *El habitante y su esperanza*, *Anillos* (junto con Tomás Lagos) y *Tentativa del hombre infinito*. *Residencia en la Tierra* (1925-1931), *Canto general* (1950), *Odas Elementales* (1954) y *Confieso que he vivido* (1974) son algunos de sus libros más recordados.

Practiquemos

35 **ESCRIBE el nombre del escritor/a**
1. Su novela más aclamada fue llevada al cine. _Isabel Allende Llona_
2. Escribió su obra más importante en 1970. _José Donoso_
3. Poeta modernista, además de diplomático. _Pablo Neruda_
4. Vivió cerca de dos años en México. _Gabriela Mistral_

36 **ELIGE la opción correcta**
1. Cachái se usa principalmente en la lengua _C_ de Chile.
2. La mayor parte del territorio chileno está en la costa _A_.
3. En Chile es común usar el pronombre _D_.
4. Chile tiene _E_ regiones.
5. Atacama es una importante _B_ de Chile

a. pacífica
b. región
c. hablada
d. vos
e. quince
f. tú
g. lago

Maravillas culturales

Moáis en Isla de Pascua, Chile

Viajeros: *Si usted me permite...*

La mezcla de culturas latinoamericanas

¡Qué alegría que hayamos venido!

No creo que la haya escuchado antes

Nos dijo que leyéramos

Ojalá tuviera más tiempo

AudioNovela

Pronunciemos

Cultura viva

Maravillas del mundo hispano

Competencias comunicativas

- Hablar sobre culturas indígenas
- Expresar sentimientos frente a hechos pasados
- Expresar certeza o duda frente a hechos pasados
- Comunicar la información de otras personas
- Expresar deseos poco probables o contrarios a la realidad

Competencias interculturales de comprensión y expresión

- Episodio 16: **Caragabí**
- **La cacofonía**
- Chile como interesante amalgama de razas
- Maravillas de Chile

Competencias léxicas y gramaticales

- Nombres de las etnias latinoamericanas
- El pretérito perfecto compuesto de subjuntivo
- ¿Subjuntivo o indicativo?
- El pretérito imperfecto de subjuntivo
- Expresiones de deseo y de comparaciones hipotéticas

- Chequeo y comprensión
- Evitar los sonidos cacofónicos
- Parque Nacional Torres de Paine
- Rapa Nui o La isla de los ojos que miran al cielo

En el interior del baúl, en lugar de un tesoro, los tres viajeros encuentran, inicialmente solo un escudo de armas, un casco de vikingo y una brújula; pero en el fondo, envuelto en una tosca tela, hay un paquete. El arqueólogo que los acompaña toma el paquete entre sus manos, deshace el nudo del cordón que lo ata y descubre una caja. Al abrirla, encuentra unos documentos doblados...

Arqueólogo: Como lo ordenó el Gobierno, permítanme que sea yo quien manipule este paquete, porque puede tener un valor histórico especial.

Mikkel: ¿Qué es esto? Parece un antiguo pergamino.

Hedda: Es una carta. Inger, ¡léela!

Inger: ¿Puedo leerla?

Arqueólogo: No. No creo que debas. Sabes que si quieren que todo salga bien, necesito ser yo el que manipule todo esto.

Hedda: Es verdad. Lo siento. Haga lo que deba hacer. ¡Es que estoy tan emocionada!

Arqueólogo: Efectivamente es una carta, dirigida a... ¿Lía?

Inger: ¡Es el nombre de mi abuela! Si usted me permite que yo la lea, le prometo ser muy cuidadosa. ¡Me muero por leerla! Usted entenderá.

Hedda: ¡Qué caligrafía tan hermosa!

Inger: "Mi pequeña, dulce y adorada Lía:..."

Arqueólogo: Aquí hay más cosas. Parecen unos títulos de propiedad.

Hedda: Sí. Son de unas tierras en Stavanger, ¡al sur de Noruega!

Arqueólogo: Entrégame esos documentos.

Inger: Sé que no puedo quedarme con las cosas que acabamos de encontrar, pero...

Arqueólogo: Debes esperar a que tu abuela viaje desde Bergen, para que certifique que el señor Máximo Quesada era tu tatarabuelo, y que ella es la Lía a la que se refiere la carta.

Mikkel: ¿Qué va a pasar mientras tanto con el baúl y su contenido?

Arqueólogo: Permanecerán en una bóveda de seguridad. El trámite, que durará unos dos meses, ya no está en tus manos, Inger.

Hedda: ¿No? Entonces ¿en manos de quién está?

Arqueólogo: Deberá hacerlos directamente Lía. Primero en Noruega y después aquí ante las autoridades chilenas.

Practiquemos

1 **ELIGE la opción correcta:**

1. El baúl encontrado contiene
   a. elementos de guerra antiguos.
   b. elementos que Inger podrá conservar para ella.
   c. joyas del pirata Cowley.

2. Lía es
   a. la tatarabuela de Inger.
   b. quien envía la carta.
   c. la abuela de Inger.

3. El gobierno chileno ordena que
   a. un antropólogo manipule los hallazgos.
   b. el gobierno noruego los contacte.
   c. se compre tierra para los descendientes.

4. Las joyas del pirata Cowley
   a. fueron usadas para comprar tierras en Europa.
   b. tienen una caligrafía muy bonita.
   c. están en una bóveda de seguridad.

2 **RESPONDE:**

1. ¿Qué debe hacer ahora la abuela de Inger?
2. ¿Por qué es tan cuidadoso el arqueólogo?
3. ¿Qué significa la expresión " ya no está en tus manos"?

La mezcla de culturas latinoamericanas
Hablar sobre culturas indígenas

3 Antes de leer, AVERIGUA con tus compañeros qué saben de las siguientes culturas latinoamericanas, dónde y en qué época existieron o han existido:

- Mayas
- Aztecas
- Incas
- Chibchas
- Mapuches

Notas sobre algunas de las culturas indígenas más relevantes de Latinoamérica

La cultura hispanoamericana actual es una mezcla de lo aborigen, lo español, lo africano, y -más recientemente- también de lo norteamericano y de lo europeo en general. Esto es notable en la mezcla de razas, creencias, comida, música, lenguaje, etc.: Latinoamérica es una fusión de todas estas influencias; pero sin duda, los pueblos nativos antiguos tienen un peso importante en la herencia cultural de las Américas.

Antes de la llegada de los españoles a América (1492), en el continente americano existían grandes culturas con complejos sistemas sociales, religiosos, arquitectónicos y lingüísticos. Las culturas que poblaban el territorio americano, tanto del norte como del sur, eran numerosas y probablemente llegaron al continente desde Siberia, a través de Alaska. Hoy en día podemos saber de ellas a través de relatos históricos y de investigaciones arqueológicas.

A lo largo de todo el territorio latinoamericano se han conocido numerosos grupos culturales que se pueden dividir en cinco grandes civilizaciones:

1 Las civilizaciones nahuas y mayas: a este grupo pertenecen los aztecas, los michés, los mixtecas, los zapotecas y los olmecas, entre otros. Se extendieron en gran parte de Centroamérica.

2 Las culturas caribes: comprenden a los kunas, taínos, guajiros y arahuacos. Se extendieron desde Panamá a lo largo de toda la costa caribe de Sur América.

3 Civilizaciones andinas: a este grupo pertenecen los incas (o quechuas), los chibchas, los aimaras, araucanos y mapuches, entre otros. Como su nombre lo indica, se extendieron por toda la cordillera de los Andes.

4 Culturas del bosque tropical: los jíbaros, los colorados y los huitotos, habitantes de Ecuador, Brasil y Colombia.

5 Culturas de la zona sureste (Argentina, Paraguay y zona norte de Brasil): entre estas culturas están los patagonios, los charrúas, los puelches y los guaraníes.

> **Nota gramatical**
> El artículo neutro *lo* se usa cuando se hace referencia a un concepto abstracto: lo latinoamericano, lo europeo, lo azul, lo nuevo, etc. Regularmente se usa cuando tenemos un adjetivo con funciones de sustantivo.

4 Después de leer, ESCRIBE en el siguiente mapa la letra que señala el territorio correspondiente a cada cultura:

1. Kunas **B**
2. Incas **D**
3. Guaraníes **E**
4. Mayas **A**
5. Huitotos **C**

5 RESPONDE:

1. El autor menciona cinco grupos humanos que han influido en la cultura latinoamericana. Según tu experiencia, ¿en qué puedes observar esta influencia?

2. ¿Crees que exista una cultura "pura", es decir sin influencias de otras? Explica y ejemplifica.

6 ESCUCHA y RESPONDE:

1. ¿Cuánto tiempo lleva el proceso de poblamiento del territorio latinoamericano?

2. ¿Qué cambió, según uno de los hablantes, la cultura de los pueblos aborígenes de Latinoamérica?

3. ¿Qué explicación da el invitado al origen del término "indio"?

4. ¿Qué otros términos se usan recientemente en vez de "indio"?

5. ¿Dónde crees que sucede esta conversación?

¡Qué alegría que hayamos venido!
Expresar sentimientos frente a hechos pasados

 Mónica y su amiga Carla están ahora en Chile. En estos momentos, están navegando entre Puerto Montt y Puerto Natales, para luego visitar el famoso Parque Nacional Torres del Paine, en la Patagonia chilena. Durante el trayecto, escuchan canciones del folclor chileno:

Mónica: ¡Qué alegría que hayamos venido a conocer esta hermosa tierra! Escuchar esta bella canción atravesando los canales australes es algo que nunca imaginé vivir.

Carla: Sí. Es una canción de la compositora Violeta Parra, muy famosa en toda América. Estoy muy emocionada. Tenemos que tomar muchas fotos.

Mónica: Lástima que Carlos no haya podido venir con nosotras. ¡Qué pesar! Él era el más interesado en viajar. Pero... así es la vida. A última hora se enfermó de pulmonía.

Carla: Bueno, ya podrá hacer el viaje después. Es bueno que el médico lo haya convencido de quedarse, porque esta región es bastante helada, especialmente en esta época del año.

> "Gracias a la vida que me ha dado tanto, me dio dos luceros que cuando los abro, perfecto distingo lo negro del blanco, y en el ancho cielo su fondo estrellado y en las multitudes el hombre que yo amo"
>
> (Gracias a la vida, canción con letra y música de Violeta Parra)

Gramática — Pretérito perfecto compuesto de subjuntivo

A. Uso
El **pretérito perfecto compuesto de subjuntivo** se usa para expresar **emoción, duda, probabilidad en el presente frente a un hecho que ya sucedió:**

¡Qué bueno que **hayas comprado** un carro nuevo! (La acción de comprar el carro **es pasada**)

Siento que no **hayas podido** venir.

Dudo que **haya tenido** tanto éxito.

No es posible que **hayan olvidado** la tarea.

Es probable que ya **haya llegado** a Santiago.

B. Forma
El pretérito perfecto compuesto de subjuntivo se forma con el presente de subjuntivo del verbo **haber** y el **participio pasado** del verbo principal:

Expresiones y verbos que rigen subjuntivo		Presente de subjuntivo del verbo *haber*	Participio pasado (de los verbos regulares e irregulares)
¡Qué bueno que	yo	**haya**	**hablado** con mi madre!
Me alegro de que	tú	**hayas**	**conocido** a Lucas.
Siento que	vos	**hayás**	**vivido** esa experiencia.
Es increíble que	usted / él / ella	**haya**	**escrito** esa nota.
Es lamentable que	nosotros (as)	**hayamos**	**vuelto** sin el equipaje.
¡Qué tristeza que	vosotros (as)	**hayáis**	**dicho** esa mentira!
No puedo creer que	ustedes, ellos, ellas	**hayan**	**hecho** eso sin mí.

Practiquemos

7 **CONSTRUYE** oraciones desde el presente haciendo referencia a hechos pasados:

Laura piensa que su hija de 19 años ha tomado unas decisiones de vida equivocadas. ESCRIBE las expresiones de la madre. USA estas expresiones y verbos para completar los sentimientos de Laura sobre lo que hizo su hija: *Qué lástima – Es lamentable – Qué pesar – Siento – Es triste – No es posible*

Modelo: Abandonó la universidad. <u>Lamento que haya abandonado la universidad.</u>

Peleó con su padre. _____

Empezó a fumar. _____

Vendió su piano. _____

Comenzó un trabajo en la noche._____

Se mudó a otra ciudad. _____

Inició una dieta sin consultar a un médico. _____

8 Ahora hablemos de ti. PIENSA en tres hechos ocurridos en tu vida recientemente y EXPRESA cómo te sientes al respecto.

Hechos	Reacción
Modelo: Tu hermana se fue a trabajar a México como gerente de una empresa de telefonía celular.	**Modelo:** Me encanta que mi hermana se haya ido a México a trabajar. Su sueño era trabajar en un país latinoamericano.
1. _Mis padres se adoptaron una perra_	1. _Me alegre que mis padres hayan adaptado una Perra_
2. _____	2. _____
3. _____	3. _____

9 EXPRESA asombro frente a los hechos dados. RESPONDE a la pregunta.

Situación: Va a empezar la reunión y tu compañero Diego no ha llegado. Él ha sido siempre muy puntual. ¿Qué les dices a las personas de la reunión?

Modelo: ¡Qué raro que Diego no haya llegado aún a la reunión!

> **Expresiones que puedes usar**
> • Me extraña que...
> • Qué extraño que...
> • Me parece raro/extraño que...
> • Me parece rarísimo que...
> • ¡Qué raro que...!

1. Situación: Necesitas una información urgente que tu mejor amigo tiene en unos archivos. Le escribes un correo, pero han pasado varios días y no has recibido respuesta. ¿Qué le dices a tu compañero de trabajo?_____

2. Situación: Hablas por teléfono con tus padres todos los domingos en la mañana. Son las 2:00 de la tarde del domingo y has llamado muchas veces, pero nadie responde en casa de tus padres. ¿Qué piensas? _____

3. Situación: Viajas pasado mañana a Chile. La empleada de la agencia de viajes prometió llamarte hoy para confirmar tu tiquete, pero son las 3:30 p. m. y no lo ha hecho todavía. ¿Qué le dices a tu amiga? _____

4. Situación: Los bancos en esta ciudad abren a las 8:00 a. m. Tú y tu amiga necesitan consignar una cantidad de dinero. Son las 8:10 a. m. y el banco todavía está cerrado. ¿Qué le dices a tu amiga? _____

5. Situación: Antonia es una mujer muy calmada y paciente. Últimamente ha estado actuando de manera extraña. Esta mañana estábamos en una reunión y ella se levantó de su silla y salió repentinamente sin anunciar. Luego, tiró la puerta. ¿Qué les dices a las personas de la reunión? _____

10 ESCUCHA el texto y ELIGE la opción correcta que completa la oración:

1. ¡Qué alegría que _____ su hijo!
    a. haya esperado a   **b.** haya tenido   **c.** haya tomado a

2. Es una lástima que _____ la beca.
    a. le hayan solicitado   **b.** no le hayan dado   **c.** le hayan realizado

3. Es fantástico que _____ allá con su novia.
    a. haya conseguido   **b.** haya salido   **c.** haya ido

4. ¡Qué pesar que no los _____ en persona! Era lo que más deseaba.
    a. haya podido conocer   **b.** haya visto por la red   **c.** haya conocido por Internet

5. ¡Qué emoción que _____ el campeonato!
    a. hayan ganado   **b.** hayan casi alcanzado   **c.** hayan celebrado

Andrea: ¿Has escuchado a María Mulata?

Lina: No, no creo que la haya escuchado antes, ¿quién es?

Andrea: Es una cantante colombiana. Canta música folclórica.

Lina: Ah, espera. Ahora que lo mencionas, creo que sí la he escuchado. Ella cantó en el Festival de Viña del Mar acá en Chile, ¿no?

Andrea: Cierto. Fue ganadora con la canción *Me duele el alma*.

Gramática ¿Subjuntivo o indicativo?

A. Uso

Cuando queremos hablar de algo dado por *cierto,* hacemos uso del *indicativo:*

Ha estado nublado hoy. (Soy testigo de ello).

Por fin pasé el examen. Hoy me entregaron el resultado. (Ya tengo la evidencia).

Cuando esa información está mediada por la *subjetividad* (no hay certeza ni evidencia), usamos el *subjuntivo*:

Quizá haya estado nublado ayer. No estuve aquí. (No lo sé con certeza, me lo imagino, pues estaba en otro lugar).

Ojalá haya pasado el examen. Esta tarde me entregan el resultado. (Aún no tengo algo concreto que me permita hablar con seguridad).

B. Forma

En oraciones afirmativas	En oraciones negativas	En preguntas
indicativo	subjuntivo	ambos modos son posibles
Creo que Mauricio <u>está</u> muy contento en Chile.	**No creo que** Mauricio <u>esté</u> muy contento en Chile.	**¿Crees que** Mauricio <u>está</u> contento en Chile? **¿Tú crees que** Mauricio <u>esté</u> contento en Chile?

Algunas expresiones de certeza		Algunas expresiones de duda	
No dudo que…	Es evidente que…	Dudo que…	No es seguro que…
Es cierto que…	Estar seguro de que…	Es dudoso que…	No creo que…
Es seguro que…	No cabe la menor duda de que…	Es probable que…	No pienso que…
Es obvio que…	Estoy convencido de que…	Es posible que…	Tal vez…
Es verdad que…	Todo el mundo sabe que…	No es cierto que…	Quizás…
Pienso que…	A lo mejor es…		

Practiquemos

11 **UNE las combinaciones posibles:**

No creo que
Dudo que
Está convencida de que ⟶ haya podido ir.
Es seguro que
Piensa que ha ido.
Creemos que
Quizás
No es cierto que
Es cierto que

12 Ahora EXPRESA reacciones de certeza o duda frente a las siguientes afirmaciones:

Modelo: Mauricio se adaptó fácilmente a Santiago (a él no le gustan las ciudades grandes).
No creo que se haya adaptado fácilmente.

1. Sofía disfrutó el partido. (Detesta el fútbol).

2. Mauricio compartió el apartamento. (Es solitario).

3. Sofía comió un churrasco argentino. (Es vegetariana).

4. Juan chateó con Sonia. (Odia los computadores).

5. Mario vió *Odisea 2015*. (No le gusta la ciencia ficción).

13 ESCUCHA y ELIGE la opción más apropiada:

1. a) No creo que se haya lanzado en un paracaídas. **b)** Ya se ha lanzado varias veces. **c)** Estoy seguro de que Carlos es muy arriesgado.

2. a) Ya ha tenido tres matrimonios. **b)** Dudo que se haya casado. **c)** No creo que deje de beber en una semana.

3. a) No creo que haya dudado en aceptar. **b)** Dudo que haya ido a México. **c)** Tal vez desee trabajar en el exterior.

4. a) Ya debe haberlos enviado. **b)** Dudo que haya leído tantos libros. **c)** No creo que los haya enviado.

5. a) Es dudoso que haya cambiado de casa. **b)** Ya ha empezado varias veces. **c)** Dudo que se haya adaptado ya.

6. a) No es posible que lo haya escrito Gabriela Mistral. **b)** Gabriela Mistral tuvo que haberlo escrito. **c)** No creo que lo haya encontrado en la Internet.

14 **A.** ESCRIBE una lista de cinco cosas que supuestamente hiciste el año pasado. Tres deben ser verdad y dos, mentira.

Hechos verdaderos y falsos

1. .... **4.** ....

2. .... **5.** ....

3. .... **6.** ....

B. Ahora LEE la lista a un(a) compañero(a). Ella/él deberá decidir si lo que dices es verdad o no.

Modelo: Estudiante A: Escalé una montaña en Bolivia con unos amigos.
Estudiante B: Dudo que hayas escalado una montaña. ¡Ni siquiera vas al gimnasio!

15 La información publicada en la Internet no es siempre exacta y a veces es exagerada o mentirosa. EXPRESA certeza o duda frente a los siguientes titulares. ¿Crees que sean verdad?

mi blog

1. Encontrados restos humanos de más de diez millones de años de antigüedad.
2. Recuperada obra de Da Vinci pintada en el año de 1927.
3. Mujer holandesa tuvo 32 hijos.
4. Publicada obra inédita de Shakespeare escrita en español.
5. Entrevista en televisión con un indígena inca que dice que vivió en Machu Picchu.
6. Un hombre dice haber cruzado el Océano árftico nadando.

16 ENTREVISTA a un compañero. USA las siguientes preguntas.

Modelo: A: ¿Has escuchado a Atahualpa Yupanqui?
B: *No creo que lo haya escuchado. / Sí, lo he escuchado, es un cantante del folclor chileno…*

1. ¿Conoces a Alberto Plaza? Es un cantante chileno.

2. ¿Has escuchado una cueca? Es folclor chileno.

3. ¿Has escuchado sobre los Rapa Nui?

4. ¿Has leído algún libro de Isabel Allende?

Nos dijo que leyéramos
Comunicar la información de otras personas

Recuerden que tendremos el examen final la próxima semana. Les recomiendo que busquen información sobre las culturas chibcha, azteca e inca. Además, es bueno que lean el último informe sobre los Muiscas, Caribes y Taínos.

El profesor **nos recomendó que buscáramos** información sobre unas culturas.

Y también **nos dijo que leyéramos** el informe que te envié anoche por correo electrónico.

Gramática — Pretérito imperfecto de subjuntivo

A. Usos

1. Para expresar acciones pasadas mediante verbos de deseo, duda, sentimientos, gusto, consejos e influencia: Dudaba que ellos llegaran temprano.

2. Para expresar deseos: ¡Ojalá viniera esta noche! ¡Qué bueno que fueras!

3. Para hacer peticiones, o consejos formales con expresiones en condicional: Le pediría que la reunión fuera más temprano.

4. Para formar oraciones de comparación hipotéticas con la expresión *como si* + imperfecto subjuntivo: Tu madre me trata como si fuera su hija.

5. Para transmitir información de otros en el pasado. El jefe nos dijo que llegáramos temprano.

B. Forma

El pretérito imperfecto de subjuntivo en español tiene una forma muy regular:

1. Se toma la *3ª. persona del plural* del *pretérito perfecto simple de indicativo* (ej.: ellos fueron)

2. Se conserva la raíz hasta antes de la *r* y se cambia la terminación *-ron* por *-ra, -ras, -ra, -ramos, -rais, -ran*.

pronombres	heredar (Ellos heredaron)	poder (Ellos pudieron)	ir (Ellos fueron)
yo	hereda**ra**	pudie**ra**	fue**ra**
tú	hereda**ras**	pudie**ras**	fue**ras**
vos	hereda**ras**	pudie**ras**	fue**ras**
usted/él /ella	hereda**ra**	pudie**ra**	fue**ra**
nosotros(as)	heredá**ramos**	pudié**ramos**	fué**ramos**
vosotros(as)	hereda**rais**	pudie**rais**	fue**rais**
ustedes /ellos /ellas	hereda**ran**	pudie**ran**	fue**ran**

Nota
Además se usa la forma *–se* (hablase). Se cambia la sílaba -ra por *–se*: heredases, heredase, heredásemos, heredaseis, heredasen. La forma con *–ra* es la más usada en el mundo hispano. ("Vos" usa la forma "heredaras").

Nota: la forma para "nosotros" siempre lleva tilde: compráramos, sintiéramos, aprendiéramos.

Practiquemos

17 **COMPLETA las dos columnas como en el modelo.**

Pretérito perfecto simple de indicativo	Pretérito imperfecto de subjuntivo
Modelo: (Venir) Ellos _vinieron_	*Él nos dijo que viniéramos.*
1. (Salir) Ellos salieron	Ella me dijo que saliera ___.
2. (Poner) Ellos pusieron	Ella me pidió que me pusiera ___ la camisa.
3. (Estar) Ellos estuvieron	Mi madre le pidió que estuviera ___ listo.
4. (Andar) Ellos anduvieron	Tú nos mandaste que anduviéramos rápido.
5. (Hacer) Ellos hicieron	Nosotros sugerimos que ellos hicieran ___ el proyecto.
6. (Decir) Ellos dijeron	Tú pediste que (nosotros) dijéramos ___ la verdad.
7. (Tener) Ellos tuvieron	Él dijo que (nosotros) tuviéramos ___ paciencia.
8. (Sonreír) Ellos sonrieron	El fotógrafo nos pidió que sonrieran ___ para la foto.

18 Poco antes de salir de viaje de estudios a Santiago de Chile, tus amigos te escribieron los siguientes mensajes llenos de buenos deseos. INFORMA lo que te dijeron:

1 Que tengas un buen viaje ✓

2 Que aprendas mucho

3 Que hagas nuevos amigos

4 Que seas buen estudiante

6 Que te vaya bien

7 No nos olvides

5 Que la suerte te acompañe

9 ¡Escríbenos!

8 Que conozcas muchos lugares interesantes

Me desearon que tuviera un buen viaje (Modelo). También me desearon que (2.) _aprendiera_, que (3.) _hiciera_, que (4.) _fuera_, que (5.) _acompañara_, que (6.) _fuera_, que (7.) _olvidara_, que (8.) _escribiera_ y que les (9.) _conociera_ .

19 COMPLETA el relato con la forma correcta. USA el pretérito imperfecto de subjuntivo.

Paseando por el Centro de Santiago

Estoy en Santiago de Chile, pero no conozco muy bien la ciudad. Por eso, le pedí consejo a mi profesor, quien me dio algunas sugerencias para conocer el centro de la ciudad. Me dijo que _tomara_ (1. tomar) un autobús al centro; que _se bajara_ (2. bajarse) cuando _llegara_ (3. llegar) a la esquina de la Avenida Agustinas con la Calle Badera y que _caminara_ (4. caminar) hasta El Museo de Arte Precolombino.

Me insistió mucho en que _visitara_ (5. visitar) la Universidad de Chile y luego _fuera_ (6. ir) al Museo de la Casa Colorada. Mi profesor me recomendó la exposición de objetos de las culturas antiguas de Suramérica. Me dijo también que yo no iba a tener tiempo suficiente para ver todas las salas, y que _volviera_ (7. volver) otro día, y tenía razón. De hecho, tuve que volver al día siguiente.

Ese día, cuando salí del Museo, me encontré con mis amigos del programa de Español, con quienes estuve el resto del día. Ellos propusieron que _anduviéramos_ (8. andar) todos por el centro para conocer los lugares más importantes de la ciudad. Yo sugerí que _pusiéramos_ (9. poner) todos dinero para ir a comer por allí cerca. Al final, mis amigos me convencieron de que _fuéramos_ (10. ir) juntos al Parque de las Esculturas. Después de tanto ejercicio, fuimos a comer. Fue un día muy entretenido.

20 COMPLETA este correo formal. LLENA los espacios en blanco con la forma correcta del verbo. Carlos envía un correo a la oficina de la agencia de viajes.

De	Carlos Mario Puentes
Para	la agencia de viajes
Asunto	Reservación de hotel

Estimados señores:

En relación con mi viaje a Chile el próximo mes, atentamente les pediría que ustedes me 1. _reservaran_ (reservar) un hotel en Puerto Montt. Me gustaría que el hotel 2. _tuviera_ (tener) gimnasio y baño sauna. Además les agradecería que 3. _fuera_ (ser) un hotel que 4. _ofreciera_ (ofrecer) las tres comidas.

Finalmente, les agradecería que me 5. _confirmaran_ (ustedes-confirmar) el vuelo de Puerto Montt a Torres del Paine.

Agradezco su atención.

Atentamente,
Carlos Mario Puentes

Ojalá tuviera más tiempo
Expresar deseos poco probables o contrarios a la realidad

> Habrá una conferencia muy interesante sobre culturas latinoamericanas el próximo jueves en el auditorio de la universidad. ¿Vas a ir?

> Ojalá pudiera, pero tengo demasiado trabajo.

Gramática — Expresiones de deseo y de comparaciones hipotéticas

Usamos el *pretérito imperfecto de subjuntivo* para referirnos a deseos presentes contrarios a la realidad o poco probables de realizarse:
Ojalá **tuviera** más tiempo (no lo tengo).

Otro uso del pretérito imperfecto del subjuntivo es para formar oraciones de comparación hipotéticas con la expresión **como si** + imperfecto subjuntivo.
Ejemplo:
Tu madre me trata **como si fuera** su hija.
Habla el español **como si fuera** nativo.

Practiquemos

21 **EXPRESA deseos con *Ojalá*.**
Modelo: No tengo tiempo: *Ojalá tuviera tiempo.*
1. No puedo comprar ese auto. _____
2. Tengo demasiado trabajo.   _____
3. No vivo en el campo.   _____
4. Mi hija no es buena estudiante. _____
5. Mis compañeras de oficina van a ir a Viña del Mar al festival de la canción. Me gustaría ir pero ahora no tengo tiempo ni plata. _____
6. Me gustaría ser bailarina, pero ya no tengo 20 años. _____
7. Me encantaría ir a esa obra de teatro, pero no tengo dinero. _____
8. No conozco a hablantes del quechua. _____

22 **COMPLETA las oraciones con el imperfecto de subjuntivo dentro de cláusulas contrarias a la realidad.**
1. Ojalá que en el mundo no _____.
2. Ojalá que todos los niños del planeta _____.
3. Ojalá que todos los seres humanos _____.
4. Ojalá que todos los millonarios de la Tierra _____.
5. Ojalá que las guerras _____.
6. Ojalá que _____.

23 **COMPLETA las oraciones con el pretérito imperfecto de subjuntivo:**
1. Habla sobre el tema de las culturas indígenas como si _____ (ser) una historiadora.
2. Sé que está mintiendo, pero habla como si _____ (decir) la verdad.
3. No tienes que fingir. Actúa como si ella no _____ (estar) aquí.
4. Mario no es de esta empresa, pero se comporta como si _____ (trabajar) aquí.
5. Claro que llueve, pero tienes que continuar como si no _____ (estar) lloviendo.

24 LEE:

Civilizaciones antiguas en Latinoamérica

Tres de las civilizaciones más avanzadas y estudiadas de América son la Maya, en la Península de Yucatán, la Azteca en México y la Inca en Perú, el sur de Colombia, Ecuador, Bolivia y el norte de Chile.
El siguiente cuadro resume algunas informaciones sobre ellas.

Incas
Lugar: Perú, sur de Colombia, Ecuador, Bolivia y norte de Chile.
Ciudades importantes: Cusco, Ollanta y Tambo, Machu Picchu y Tipón.
Obras: mita (trabajos públicos) —como palacios, templos, construcciones hidráulicas, redes de caminos— todas desarrolladas con técnicas avanzadas de ingeniería y de trabajo fino de la piedra.
Lengua: quechua.
Comercio: trueque.
Cultivo: papa y maíz.
Avances: en matemáticas con el uso del Quipus; complejo sistema de nudos para grabar o registrar cifras.
Religión: politeísta. Dios sol es el más importante; Pacha-mama es la Madre Tierra o la Naturaleza.

Mayas
Época: entre los siglos III y XV.
Lugar: Península de Yucatán en Centroamérica.
Ciudades importantes: Tikal y Chichén Itzá.
Obras y avances: pirámides, la astronomía (calendarios exactos: solar (365.24 días) y lunar (29.53), construcción de grandes ciudades, imágenes religiosas.
Libro sagrado: El Popol Vuh (origen del mundo).
Comercio: cacao, sal y jade.
Cultivo: maíz.
Actual cultura: cerca de un millón y medio de descendientes mayas.

Aztecas o Méxicas
Época: siglos XIV y XV.
Lugar: Mesoamérica (centro-sureste de México y la zona norte de Centroamérica).
Ciudades importantes: Tenochtitlan, centro de una isla, en donde hoy está el centro de Ciudad de México.
Obras: lograron avances en la arquitectura y la ingeniería, dejaron monumentales construcciones como la Pirámide del Sol y el Coloso de Teotihuacan.
Lengua: Nahuatl.
Religión: politeísta. Quetzacoatl, la serpiente emplumada era de los dioses importantes.
Comercio: el trueque (cacao, algodón, plumas).
Industria: textiles.
Cultivo: maíz, calabaza, frijoles y frutas.

25 Ahora, RESPONDE:

1. ¿Qué es el *Popol Vuh*? el libro sagrado de Mayas
2. ¿Qué es un *quipus*? una cosa para matemáticas del Incas
3. ¿Cuánto duró el Imperio Inca? No se
4. ¿Qué obras de arquitectura construyeron los incas? palacios, templos, hidráulicas, redes de camino

5. ¿Qué significa Mesoamérica? Centro-sureste de México y la zona norte de Centroamérica
6. ¿Qué significa Tenochtitlán para los mexicanos? Es una ciudad importante
7. ¿Qué tienen en común las tres culturas? cultivo de maíz
8. Investiga, ¿qué pasó con estas culturas después de los siglos XV y XVI?

26 Culturas Milenarias

Vas a escuchar al profesor Ruiz, un historiador especialista en temas precolombinos. Antes de escuchar, UNE los conceptos con su definición:

1. Grupo étnico	Persona que adquiere un territorio por fuerza de las armas. 5
2. Canoa	Parte sólida y compacta de los árboles. 4
3. Pacífico	Dedicar a la tierra y a las plantas las labores necesarias para que den frutos. 6
4. Madera	Embarcación, bote muy ligero 2
5. Conquistador	Tranquilo, en paz. 3
6. Cultivo	Conjunto de personas que pertenecen a una nación, raza o etnia. 1

27 Ahora ESCUCHA al profesor, y COMPLETA el mapa con el nombre correcto de las siguientes civilizaciones:

(16) Muiscas   Caribes   Taínos

28 Ahora RESPONDE:

1. ¿De dónde proviene el nombre de Venezuela? venir de
_____ canales de Venecia _____.

2. ¿Qué tipo de actividad económica tenían los Muiscas?
_____ agrícola _____.

Las Bahamas
Cuba   La Española
1 Taínos Puerto Rico
Antillas Menores
2 Muiscas
3 Caribes Venezuela
Colombia

Episodio 16: Caragabí

Carmen y Vladimir dejan a Simón en el centro de salud de La Honda, en el Chocó, continúan avanzando por la selva y se dirigen al Parque Nacional de los Katíos, que es una reserva natural en la que habita la etnia Emberá-Katío. La información de Pilar fue muy útil. Ellos creen que van por el camino correcto y tienen la esperanza de encontrar a David. Ya está anocheciendo y hace muchísimo calor. De repente se oye un ruido en la espesura del bosque.

1. Carmen: ¿Oíste eso?
Vladimir: Claro que lo oí... ¿será un jaguar?
Carmen: Un jaguar haría menos ruido. Mira, allí viene alguien.

2. Carmen: Buenos días... ¿Andaba de caza?
Jacinto: Sí. Estaba cazando venados. ¿Qué están haciendo por estos lugares?
Vladimir: Buscamos a una persona extraviada...

3. Jacinto: Me pueden decir Jacinto Jumí. Vamos a la casa y hablamos. ¿Será que les puedo ayudar en algo?
Carmen: Muchas gracias. Lo acompañamos.

4. Vladimir: Muchas gracias por acogernos entre ustedes.
Jacinto: Los invito a pasar la noche aquí. Pueden colgar sus hamacas en un lugar cercano.
Carmen: Gracias. Armaremos nuestro campamento aquí cerca del tambo.
Carmen: Tengo el presentimiento de que saben algo de David.
Vladimir: Ya lo sabremos cuando hablemos con ellos.

5. Vladimir: Hemos aguantado mucha lluvia en esta región.
Jacinto: El agua es buena. ¿Conocen cómo dios creó el agua?
Carmen: No. Pero nos agradaría escucharlo.
Jacinto: Mi abuelo me enseñó que la Tierra fue creada por el dios Caragabí...

6. Jacinto: Ustedes como que buscan a alguien perdido...
Carmen: Sí. A un amigo nuestro. Creemos que está con un grupo de científicos por aquí cerca.
Jacinto: Después de la inundación encontramos esta mochila cerca al río.
Vladimir: ¿Son estas las cosas de David?
Carmen: Sí. Estas son pertenencias suyas. No encuentro su bitácora. Él jamás la abandona. Estoy segura de que está vivo.

Practiquemos

29 COMPLETA con el nombre del personaje o lugar correspondientes:

Jacinto   David   abuelo de Jacinto   Emberá   Katío   Carmen

1. _____ andaba cazando venados.
2. _____ se interesa por saber sobre la creación del agua.
3. _____ enseñó sobre el dios Caragabí.
4. _____ comunidad indígena que habita en el Parque nacional de los Katíos.
5. _____ siempre anda con su bitácora.

30 RESPONDE:

1. ¿Quién es Caragabí?
2. ¿Cuál es la actitud de Jacinto hacia el agua? Sustente su respuesta.
3. ¿Cómo se originó el agua, en resumen, según la leyenda contada por Jacinto?
4. Qué es el *Jai*?

Pronunciemos   La cacofonía

La repetición de sonidos iguales se percibe como algo desagradable en un idioma. A este fenómeno se le llama *cacofonía* y se aconseja evitarlo. En español, incluso, se hace un cambio gramatical para evitar algunas cacofonías: todos los sustantivos femeninos que empiezan con *a* acentuada, se usan obligatoriamente con artículos masculinos en el singular:

El arma blanca, las armas blancas.
Un ave negra, unas aves negras.
Un agua clara, unas aguas claras.
Un águila peligrosa, unas águilas peligrosas.
El alma buena, las almas buenas.

Pero se dice la arena, una araña, la avena, la harina y la hambruna, porque en estos sustantivos el acento no recae sobre la a inicial.

En el caso de los adjetivos antepuestos, se conserva el artículo *la*: la *alta esfera, la árida Guajira,* etc.

También se evita la cacofonía cambiando la conjunción *y* por *e* antes de *i* inicial; y o por *u*, antes de o inicial:

Estado *e* iglesia
Carlos *e* Inés
Uno *u* otro
Siete *u* ocho.

1 ESCUCHA y REPITE:

1. El ave	4. El hacha
2. El águila	5. El África (norte, subsahariana, etc.)
3. El ansia	

2 ESCUCHA y ELIGE el artículo apropiado:

1. el / la	4. el / la
2. el / la	5. el / la
3. el / la	

3 ELIGE la opción correcta. LEE en voz alta.

1. Puede ser en plata o / u oro, no tengo preferencia.	5. ¿Guatemala o / u Honduras?
2. ¿Este o / u Oeste?	6. ¿Ayer o / u hoy?
3. ¿Frutas o / u hortalizas?	7. ¿Mujer o / u hombre?
4. ¿Argentina o / u Uruguay?	8. ¿Olmecas o / u zapotecas?

4 ELIGE la opción correcta. LEE en voz alta:

1. ¡Interesante y / e increíble!	4. Geografía y / e Historia.
2. Mayas y / e Incas.	5. Hispanoamérica y / e España.
3. La escuché y / e hice lo que me dijo.	6. Perdió su riqueza y / e imperio.

5 ESCRIBE lo que escuches:

1. _____   2. _____   3. _____   4. _____

Más sobre Chile como interesante amalgama de razas, culturas y climas

• Chile es una delgada franja del extremo suroccidental de Suramérica, a lo largo del Océano Pacífico. Posee una costa de 6.435 km de longitud. Su ancho máximo alcanza los 445 km y su ancho mínimo, los 90 km.

• Aunque Chile pertenece a Sur América, tiene territorios insulares en la Polinesia (Isla de Pascua) y reclama un territorio en la Antártida; por tanto se considera un país tricontinental.

• Su geografía está determinada por las alturas de la Cordillera de los Andes.

• Su población guarda una fuerte herencia racial y cultural de los grupos aborígenes mapuches, aimaras y atacameños, y tiene además influencia de tres oleadas de inmigraciones: los españoles en el siglo XVIII, la colonización alemana a finales del siglo XIX y, más recientemente, la inmigración de países del área, especialmente de Perú y Argentina.

Parque Nacional Torres del Paine

El Parque Nacional Torres del Paine es la más austral de las quince regiones en las que se encuentra dividido Chile (Región de Magallanes y Antártica chilena). Es una atracción turística de renombre mundial y atractivo para miles de turistas que quieren vivir una experiencia única, especialmente durante las estaciones de primavera y verano en el Cono Sur (de octubre a abril), pues en estos meses se puede tener hasta más de 16 horas de luz solar, dada la posición de la Tierra.

Sus glaciares, flora y fauna son sus especiales atributos turísticos, geográficos y biológicos. Presenta una gran riqueza de entornos naturales: montañas (principalmente el complejo del Cerro Paine, que alcanza una altura de 3.050 msnm), valles y ríos como el río Paine, lagos como el Grey y el Sarmiento, grandes glaciares como el Grey, Pingo, Tyndall y Geikie, que hacen parte del Campo de Hielo Patagónico Sur. Toda esta riqueza llevó a la Unesco a declararlo reserva de la biósfera en 1978, solo un año después de su apertura.

Maravillas de Chile

LEE para saber más sobre la isla de Pascua de Chile. EXTRAE la siguiente información:

1. ¿En qué parte de Chile está la isla?
2. ¿Cuántos nombres diferentes ha recibido la isla?
3. ¿Qué son los moáis?
4. ¿Qué representan?

Rapa Nui o la isla de los ojos que miran al cielo

La isla de Pascua, en la Polinesia, hace parte del territorio de Chile y tiene también otras denominaciones: La Isla de los Moáis o Rapa Nui. Es nombre corresponde al pueblo aborigen propio de la isla. También ha recibido el nombre de Te Pito o Te Henua, que significa "El ombligo del mundo" y Mata Ki Te Rangi, que equivale a "Ojos que miran al cielo". El nombre actual de Isla de Pascua proviene de cuando fue descubierta por un navegante neerlandés en 1722. Años más tarde, el navegante español Felipe González la llamó Isla de San Carlos en honor al rey Carlos I.

La Isla de Pascua es un atractivo turístico por las enigmáticas estatuas talladas en piedra llamadas Moáis. Son cerca de mil cabezas de hombre dispuestas como si miraran todas al interior de la isla, excepto siete de ellas, ubicadas en el Ahu Akivi, las cuales parecen representar a los exploradores que, según la leyenda, descubrieron la isla. Los otros Moáis representaban a sus ancestros, casi deificados. En el siglo XVII todos los Moáis fueron derribados en guerras tribales, pero algunos fueron restaurados en 1956.

Practiquemos

31 ENCUENTRA en el texto la palabra que es sinónima de:
1. Nombres: _____
2. Pueblo originario: _____
3. Misteriosas: _____
4. Marinero: _____
5. Tradición: _____
6. Antepasados: _____
7. Reparados: _____

32 RESPONDE:
1. ¿Cuántas regiones tiene Chile?
2. ¿En qué año se abrió el Parque Nacional Torres del Paine?
3. ¿Cuál es para ti la principal atracción del Parque Nacional Torres del Paine?

Maravillas tecnológicas

Capítulo 17

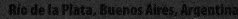

Río de la Plata, Buenos Aires, Argentina

Viajeros: *Si pudiera ir, iría*

	Competencias comunicativas	**Competencias léxicas y gramaticales**
Invenciones y tecnologías	• Hablar sobre la tecnología en la vida diaria	• Vocabulario sobre tecnología
Si puedes, ayúdanos	• Hablar de situaciones posibles y situaciones contrarias a la realidad	• Construcciones condicionales en modos indicativo y subjuntivo
No porque sea más barato, es de menor calidad	• Hablar de causas y efectos	• Cláusulas adverbiales de causa
Los convoqué para que se hicieran cargo del evento	• Expresar finalidad	• Cláusulas adverbiales de finalidad
No hay teléfonos que funcionen	• Caracterizar a personas o cosas	• Cláusulas adjetivales

Competencias interculturales de comprensión y expresión

AudioNovela	• Episodio 17: **Milagro tecnógico**	• Chequeo y comprensión
Pronunciemos	• Los grupos fónicos o grupos de sentido	• Mejorar la fluidez

Inger, Hedda y Mikkel regresaron a Santiago en compañía de dos arqueólogos. El baúl está *(vault)* ahora en una bóveda de seguridad vigilada. Inger se comunicó con Lía e informó del hallazgo *(discovery)* a las autoridades chilenas. Mientras esperan noticias, los tres amigos deciden continuar con su viaje a Argentina. Durante su estadía en Buenos Aires, a Hedda le sucede *(happened)* algo interesante…

Yo no sé si vaya a la conferencia.

Dudo que haya cupos disponibles.

Ya estamos registrados. Me acaban de confirmar la inscripción.

Inger: Hoy es la conferencia sobre la educación virtual en Argentina que nos recomendó nuestro asesor *(advisor)* de la tesis.

Hedda: Cierto. Pero no voy a poder ir. Tengo que ingresar *(enter)* y clasificar toda la información que he recopilado *(collect)* esta última semana. Si pudiera ir, iría.

Mikkel: Pero, un momento… no nos hemos inscrito *(enroll)* todavía *(still)*… Dudo que haya cupos *(quotas)* disponibles porque ya es tarde.

Inger: Ya estamos todos inscritos. A ustedes también los inscribí ayer. De hecho, recibí un SMS confirmando la inscripción.

Mikkel: Fue una excelente idea que nos hubieras inscrito a todos. Hedda, no creo que sea bueno que te quedes aquí. Piénsalo.

Hedda: ¿Quién es el conferencista?

Inger: Un brillante especialista en educación virtual. Se llama Juan Guillermo Plata.

Creo que lo conozco…

Hedda: ¿Este Juan Guillermo será el mismo que dictó ayer una conferencia sobre trabajo colaborativo en la red?

Inger: Es el mismo, y lo quiero conocer. Después de la conferencia hay un coctel. Voy a asistir sola porque Mikkel va a hacer una entrevista. Me encantaría que me acompañaras.

Hedda: Mientras no planees sentarte a conversar con él. Debe de ser un pedante *(Pretentious)*. No hay conferencistas famosos que sean modestos.

Inger: ¿Pedante? No lo creo. Si me acompañas, podremos comprobarlo *(Prove it)*.

Hedda: No me creas. No hay razón para que no te acompañe. Es que estoy cansada y con pocos deseos de hacer vida social, pero a lo mejor esto es lo que necesito.

¿Qué tal les pareció la conferencia?

Inger: Muy interesante lo que nos cuentas sobre el proyecto de investigación de informática educativa que estás desarrollando con la Universidad Eafit. Y lo que dijiste sobre la creación de wikis me pareció genial.

Hedda: ¿Una wiki? ¡Qué interesante!

Juan: Hedda, yo podría ayudarte a crear una wiki con el material de tu tesis. Me gustaría invitarte a cenar mañana para que habláramos del tema. ¿Te gustaría? ¿Creés que podás acompañarme?

Hedda: Estoy muy ocupada, pero no hay razón para que no podamos cenar mañana. Me encantaría que cenáramos juntos… Y que habláramos de mi wiki… Claro.

Practiquemos

1 ESCRIBE la escena que corresponde a cada resumen:
1. Los tres amigos hablan sobre la posibilidad de asistir a una conferencia sobre educación. _1_
2. Se acuerda una cena para hablar del tema de la creación de una wiki. _3_
3. Discuten sobre la posible personalidad del conferencista. _2_
4. Hedda decide ir a la conferencia. _2_

2 ELIGE la opción correcta:
1. Hedda quiere ir a una conferencia sobre *educación virtual* / *informática educativa*.
2. Mikkel y Hedda *no* / *ya* sabían que estaban inscritos en la conferencia.
3. Inger va sola porque Mikkel va a *entrevistar a alguien* / *ir a un coctel*.
4. *Inger* / *Hedda* no cree que el profesor Plata sea modesto.
5. Hedda piensa montar una *conferencia* / *wiki* con el tema de su tesis.

Inventos de nuestros días y sus años de invención

Aunque con la mayoría de los inventos es difícil establecer una fecha única de invención, debido a que con frecuencia a un invento lo preceden una serie de eventos y estudios previos, a continuación se presenta una lista de inventos y sus fechas de invención más ampliamente aceptadas. ¿Cuáles de ellas sabías?

- La radio (1897 apertura de la primera emisora)
- El computador (1946)
- El teléfono (1857 / 1876)
- El radio transistor de bolsillo (1954)
- El automóvil (1886)
- El láser (1960)
- El satélite (en 1957 se puso en órbita el primer satélite: Sputnik 1)
- El televisor 1925, en Latinoamérica, comercialmente disponible a partir de los 50s

3 El siglo XX estuvo lleno de avances tecnológicos en el campo de las comunicaciones, el transporte, la medicina, entre otros. Sin embargo, una persona de principios de ese siglo no se habría imaginado los avances logrados en un corto tiempo ni alcanzaría a pensar lo que muchos aparatos tecnológicos de hoy en día pueden hacer. **OBSERVA y LEE sobre algunos de estos aparatos. Luego, COMPARA sus alcances y EXPRESA como en el modelo.**

Primera mitad del siglo XX	Primera mitad del siglo XXI

Un teléfono promedio pesaba alrededor de 2.5 kilos

Un televisor tenía acceso a solo unos tres canales locales.

En 1946, se puso en funcionamiento el primer computador de 30 toneladas de peso y su memoria ascendía a 20 números de 10 dígitos.

Durante la primera mitad del siglo XX, aparecieron las cámaras de rollo. Había que pagar por la película y por el revelado.

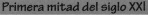

A principios del siglo XX, era impensable que un teléfono cupiera en un bolsillo. **(Modelo)**

1. Era increíble pensar que <u>un televisor tuviera aceso a más de 100 canales</u>.
2. Era impensable que <u>una computadora pusiera pesar menos de dos libras</u>.
3. Era imposible pensar que <u>un cámara pudiera ser digital</u>.

Si puedes, ayúdanos
Hablar de situaciones posibles y situaciones contrarias a la realidad

Hijo, tu madre y yo mañana vamos a instalar el nuevo computador en la oficina. ¿Podrías venir? Si **puedes, ayúdanos** a configurarlo.

Papá, si **tengo** tiempo, *iré.*

Si **tengo** tiempo, *voy;* si **puedo,** te ayudo; si **me levanto** temprano, *iré. . .* ¡Nunca te comprometes!

Tienes razón, papá. Si **me lo propongo,** *puedo* cambiar . . .

Gramática   Construcciones condicionales

A. Oraciones compuestas sobre condiciones reales o posibles: indicativo

	Situación posible + *resultado*	Resultado + situación posible
Condiciones presentes	**Si** puedes, *ayúdanos* a configurarlo.	Ayúdanos si puedes.
Condiciones futuras	**Si** tengo tiempo, *iré / voy.*	Iré / voy si tengo tiempo.

Las oraciones condicionales compuestas con "si" se construyen en indicativo cuando se refieren a situaciones presentes o futuras (promesas o compromisos) que son posibles.

Practiquemos

4 **a. LEE y ENCUENTRA con un compañero/a la asociación correcta. Este ejercicio está basado en la página web Leyes de Murphy: Las leyes de la máxima fatalidad con el mínimo esfuerzo (disponible en http://www.calidoscopio.com/calidoscopio/principal36.htm . Consulta: 21.08.2011).**

Situación posible

1. Si la tostada se cae, __E__
2. Si estás trabajando y guardas una herramienta, __G__
3. Si te gustan dos programas de televisión, __H__
4. Si algo puede fallar, __I__
5. Si lavas hoy el coche, __C__
6. Si todos los autos vienen hacia ti, __D__
7. Si una cosa puede salir mal, __B__
8. Si cambias de carril, __A__
9. Si tu proyecto no funciona, __F__

Resultado

a. el que has dejado comenzará a ir más rápido.
b. saldrá mal.
c. mañana lloverá.
d. vas en contravía.
e. caerá por el lado de la mantequilla.
f. revisa la parte que te parecía que no era importante.
g. la volverás a necesitar al cabo de pocos minutos.
h. los emitirán a la misma hora.
i. fallará.

b. ¿CREES que estas leyes se cumplen? ¿HAS vivido alguna de estas situaciones? DISCÚTELO con tu compañero.

B. Oraciones sobre condiciones no reales (presentes o futuras): imperfecto de subjuntivo

Si **pudiera** ir, *iría.*

Eso quiere decir que no vendrás.

Si **fuera** capaz de instalarlo yo mismo, no te **pediría** ayuda.

Con seguridad que sí puedes, papá. Si no **fueras** capaz de hacerlo, no te lo **diría.**

Si **intentaras** instalarlo tú mismo, **podrías** hacerlo.

Está bien. Lo voy a intentar. Si no puedo, te aviso.

Algunos ejemplos y su significado		
Si <u>pudiera</u> ir, *iría*.	=	No iré.
Si no te <u>conociera</u>, diría que exageras.	=	Te conozco y sé que no exageras.
Si no <u>fueras</u> capaz de hacerlo, *no te lo diría*.	=	Eres capaz y por eso te lo digo.

5 **LEE las siguientes oraciones. SUBRAYA la opción correcta, según el modelo:**

Modelo: Si estudiaras, aprobarías el examen.	Estudias.	<u>No estudias.</u>
1. Si él no tirara del cordón, no abriría el paracaídas. ~cord~ ~Parachute~	<u>Él tira del cordón.</u>	Él no tira del cordón.
2. Si no lloviera, se secarían las plantas.	<u>Llueve.</u>	No llueve.
3. Si yo pudiera quedarme durmiendo, no iría a la oficina.	Puedo quedarme.	<u>No puedo quedarme.</u>
4. Si ellos nos ayudaran a pintar la casa, no nos ~delay~ demoraríamos tanto.	Nos ayudan.	<u>No nos ayudan.</u>
5. Si ella no supiera de informática, no podría ser profesora virtual.	<u>Ella sabe de informática.</u>	Ella no sabe de informática.
6. Si no dudaras tanto, todo sería más fácil.	<u>Dudas.</u>	No dudas.
7. Si supiera el número ganador, compraría un billete de lotería.	Sé el número.	<u>No sé el número.</u>
8. Si no supieran cantar, no estarían en el coro.	<u>Saben cantar.</u>	No saben cantar.

6 **COMPLETA con el pretérito imperfecto de subjuntivo:**

1. Me compraría un Ferrari, solo si… *tuviera el dinero*

2. Me desnudaría en público, solo si… *no fuera ilegal*
~undress~

3. Yo nadaría en el Río Amazonas, solo si… *no ~fueran~ hubieran pirañas*

4. Yo tendría una docena de hijos, solo si… *tuviera un niñero*
~dozen~

5. Yo escalaría el monte Everest, solo si… ~fuera~ *estuviera en forma*

6. Mis padres me darían un millón de dólares, solo si… *ellos tuvieran*

7. Me tiraría en un paracaídas, solo si… *necesitara*

8. Me ~raparía~ la cabeza, solo si… *fuera actriz*
~throw~ ~shave~

7 **ENTREVISTA a un compañero. PÍDELE que responda con oraciones completas: ¿Qué harías si…**

1. … te ganaras la lotería?

2. … durante un día tus sueños se convertirán en realidad?

3. … tuvieras la opción de ser inmortal?

4. … te invitaran a participar en una expedición a Marte?

5. … fueras elegido presidente de tu país?

8 **COMPLETA el texto con la forma correcta del verbo.**

Cuando llegó el informe de la multa de la oficina de tránsito, no lo podía creer. Mi hija había cometido una infracción. Era un castigo para mí. Yo, tan estricta, tan ajustada a la ley y recibir esto. En cuanto respondió el teléfono en su oficina y escuchó mi regaño me dijo: -Mamá, si **quieres** (querer-tú) seguir con el sermón, hazlo más tarde porque estoy muy ocupada. Solo logré decirle: - Y si fueras una persona más responsable, no **estarías** (estar-tú) en estos problemas. Colgó.

Me senté a reflexionar al respecto. Sentí que también yo había sido impulsiva y no había pensado en ella. Si yo no **fuera** (ser) una persona tan rigurosa, no tendría tantas dificultades para comprender a los demás. Especialmente, no soporto que las personas cometan tantas infracciones diarias de tránsito. Si alguien conduce una moto o un carro con irresponsabilidad y se cruza en mi camino, inmediatamente me **dañará** (dañar) el día. En ese momento sonó el teléfono. Era ella y me explicó que por no atropellar a un perrito, había tomado una vía contraria y que posiblemente las cámaras la habían registrado. "Si el perrito **puede** (poder) vivir, pagaré la multa sin dolor", me dijo. Sentí una felicidad inmensa y le ofrecí disculpas a mi hija por desconfiar de ella. De todas formas, el caos vehicular me exaspera. Si tuviera la oportunidad de vivir y trabajar en una ciudad pequeña, mi vida **sería** (ser) diferente y mi sistema nervioso ~funcionaría~ (funcionar) mejor.

¿Pero, no es muy pequeño?

No porque sea más pequeño, tiene menor capacidad. Este incluso tiene mayor capacidad de almacenamiento que el otro modelo. ¡No sabemos esta tecnología adónde nos va a llevar! Ahora, todo va a estar en un bolsillo.

Gramática   Cláusulas adverbiales de causa

Oraciones afirmativas	Efecto + **conector** + causa
	Puede ingresar al teatro **porque/puesto que** *llega a tiempo para el concierto*.
	Conector + *causa* + efecto
	Porque/puesto que *llega a tiempo para el concierto*, puede ingresar al teatro.

Otros conectores de causa: gracias a, gracias a que, por culpa de, por culpa de que, debido a, debido a que, ya que, a causa de, puesto que.

Las cláusulas subordinadas que expresan causa se construyen en modo indicativo, con excepción de *no porque,* que se construyen en modo **subjuntivo:**

Forma positiva: Es más barato **porque *es*** de menor calidad.
Forma negativa: No porque *sea* más barato es de menor calidad.

Practiquemos

9 **COMPLETA las siguientes oraciones. CONJUGA el verbo:**

1. El sistema de la universidad está lento debido a que (haber) **hay** muchas personas conectadas a la red.
2. No porque (estar) **esté** haciendo mucho frío, nos vamos a quedar encerrados en la casa.
3. Los mellizos Abad se van a graduar de astrónomos puesto que (estudiar) **estudian** con disciplina.
4. No porque (tú/madrugar) **madrugues** mucho, amanece más temprano.
5. Ya que nuestros atletas ayer (ganar) **ganaron** todas las medallas de oro en las competencias deportivas, en nuestro país decretaron día de fiesta nacional.
6. No porque ustedes (ser) **sean** mis hijos, van a adquirir todo fácilmente.

10 **ELIGE el conector de CAUSA y COMPLETA:**

Ya que – porque – debido a – no porque – por culpa de

1. Lo hice, **no porque** me gustara, sino porque era mi obligación.
2. **Ya que** están todos aquí, podemos empezar el examen.
3. Te cancelaron el crédito **debido a** tu irresponsabilidad.
4. **No porque** que nos aprobaron el crédito, pudimos enviar a nuestro hijo a estudiar en el exterior.
5. No hemos terminado el trabajo **por culpa de** faltan recursos.

Los inicios de la tecnología que conocemos hoy

© University of Pennsylvania Archives

El ENIAC

Fue en una rueda de prensa en la Universidad de Pensilvania donde se dio a conocer, en 1946, el invento que se consideraría el primer computador en el mundo: el Computador e Integrador Numérico Electrónico (ENIAC por su sigla en inglés). Esta máquina, cuyo peso era de 30 toneladas, necesi-

taba más de 18.000 tubos de vacío y hacía lo que una calculadora sencilla de bolsillo hace hoy en día. No obstante, el ENIAC facilitó el desarrollo de la tecnología computacional.

Los transmisores

En 1947, el Laboratorio Bell inventó los transmisores, que permitieron reducir notablemente el tamaño de los computadores e incrementar la rapidez de sus operaciones. El computador, sin embargo, tenía todavía el tamaño de un escritorio.

El microprocesador

El cambio que realmente permitió una nueva generación de computadores fue la invención del microprocesador. Fue Jack St. Clair Kilby, un ingeniero eléctrico estadounidense, quien inventó

este chip en 1958. Hoy, gracias a la nanotecnología, es posible producir chips de tamaños impensablemente pequeños. (¡En un dedal pueden caber unos 50.000 chips!). Estos avances, junto con el desarrollo del software, nos permiten hoy tener computadores que caben en la palma de la mano o en un bolsillo.

12 UNE la primera parte de la izquierda con su terminación más lógica de la derecha. ESCRIBE la letra.

1. No porque el ENIAC D	**a.** se inventara en 1958, se podía prever que solo en un par de décadas tendríamos computadores diminutos.
2. No porque el microprocesador A	**b.** hoy se pueden tener computadores que caben en un bolsillo.
3. Gracias a la nanotecnología B	**c.** se pudo avanzar en la velocidad de trabajo de los computadores.
4. Debido a los aportes de Bell, C	**d.** fuera una máquina muy grande, podía realizar operaciones muy complejas.

13 BUSCA en el texto los antónimos de las siguientes palabras:

Texto 1
a. compleja: _simple_ _sencilla_
b. retroceso: _Adelante desarrollo_
c. ocultar: _mostrar_ _facilitó_
dar a conocer

Texto 2
a. lentitud: _rapidez_
b. aumentar: _reducir_
c. disminuir: _incrementar_

Texto 3
a. factible: _impensablemente_
b. impedir: _permiten_
c. dorso de la mano: _palma_

14 **a.** ESCUCHA y ELIGE FALSO o VERDADERO

(18)

	Falso	Verdadero
1. El trabajo de Luisa ha sido reconocido por expertos.	____	____
2. Por culpa del tiempo, tuvimos problemas en la aduana.	____	____
3. Gracias a que su libro tuvo éxito, Luisa fue invitada a la conferencia.	____	____
4. El avión aterrizó en Rosario, no porque tuviera una falla, sino porque había una tempestad.	____	____
5. La conferencia fue cancelada porque el aeropuerto de Buenos Aires estaba cerrado.	____	____

b. Ahora COMPLETA las siguientes ideas con cláusulas adverbiales de causa:

a. Gracias a _____, Luisa _____.
b. _____ porque _____ .
c. Puesto que _____, estábamos tranquilas.
d. No porque Luisa no _____ preparada, sino porque _____ una tormenta, tuvimos que cancelar la conferencia.

Practiquemos

15 **LEE el comunicado y SUBRAYA las palabras que expresan finalidad:**

Comunicado

Con el _fin de_ ampliar el mercado de celulares, la administración tomó la decisión de aprobar la campaña publicitaria "Llámame". _Para_ llevar a cabo este programa, el Vicepresidente de Ventas vendrá a reunirse con los promotores la próxima semana. Atentamente se solicita a todo el personal del Departamento de Mercadeo que esté listo _para_ apoyar, asesorar y presentar sugerencias, _con el objeto de que_ la campaña tenga el éxito deseado.

Necesitamos además la colaboración del personal del Departamento de Comunicaciones, _para que_ se haga cargo de la logística del evento de lanzamiento.

16 **UNE:**

1. El vicepresidente se reunirá con los promotores ~~C~~   **a.** para que se amplíe el mercado de celulares.

2. Con la intención de que la campaña sea de éxito, ~~D~~   **b.** con miras a que se encargue de la logística del programa.

3. La campaña publicitaria se hará **A**

4. Se solicita al departamento de Comunicaciones **b**   **c.** con el objeto de realizar el programa.

    d. el personal deberá colaborar.

Gramática   Cláusulas adverbiales de finalidad

Expresan la finalidad o la intención con que se produce la acción de la oración principal.
La Universidad compró el dispositivo para llevar a cabo una investigación. (Un mismo sujeto).
Pondremos la lista de regalos en el almacén para que los amigos puedan guiarse en la compra. (Dos sujetos diferentes).

Infinitivo	Subjuntivo	Ejemplos
a (con verbos de desplazamiento): venir, ir, salir, entrar, llegar	a que (con verbos de desplazamiento): venir, ir, salir, entrar, llegar)	<u>Vine</u> a preparar un informe. <u>Fui a que me dieran</u> los resultados del examen.
para	para que	María estudia español <u>para poder</u> trabajar en Colombia. Estaba buscando un profesor <u>para que le explicara</u> el ejercicio.
a fin de, con el fin de	a fin de que, con el fin de que	<u>A fin de resolver</u> la situación, hablamos con el director. <u>Con el fin de que nos den</u> el permiso, tendremos que llevar muchos documentos.
con miras/vistas a	con miras/vistas a que	<u>Con vistas a preparar</u> el congreso sobre Realidad Virtual, haremos una reunión esta tarde. <u>Con miras a que todos estén</u> enterados de las ponencias, las enviaremos por correo electrónico.
con la intención de, con el objeto de, con el propósito de	con la intención de que, con el objeto de que, con el propósito de que	<u>Con el objeto de promover</u> la utilización de las TICs, creé una página web. <u>Con el propósito de que todos tengan</u> acceso a la charla, se trasmitirá por teleconferencia.

Practiquemos

17 **COMPLETA los diálogos con el verbo:**

1. **A:** ¿A qué fuiste a la Oficina de Inmigración?
   B: Fui a que me ~~entreges~~ (ellos - entregar) la cédula de extranjería.
   entregaran

2. **A:** ¿Por qué no hablas con él?
   B: No. ¿Para que me _insulte_ (él - insultar)?

3. **A:** ¿Qué pasó con lo del divorcio?
   B: Parece que llegó con la intención de _arreglar_ (arreglar) todo.
   a

4. **A:** A fin de que ~~busquemos~~ *buscáramos* (nosotros- buscar) una solución, el comité
   propondrá una reunión extraordinaria.
   B: Y ¿qué día y a qué hora?

5. **A.** ¿Me escuchan?
   B: ¡Habla fuerte para que te _oigan_! (Ellos – oír)

6. **A:** Haré hasta lo imposible con vistas a _encontrar_ (encontrar) la solución para este caso.
   B: Pero has trabajado mucho. No deberías insistir más.

7. **A:** ¿A qué volviste?
   B: A que me ~~digas~~ (tú - decir) la verdad.
   dijeras

18 **COMPLETA las oraciones teniendo en cuenta los conectores de finalidad:**

1. Iremos a Valparaíso…
2. Tenemos que escribir al periódico…
3. Con el propósito de…
4. Fuimos al banco a que…
5. Con vistas a que…

19 **FORMA dos oraciones con los siguientes conectores de finalidad:**
Para, para que, a, a que, con el fin de, con el fin de que, con la intención de, con la intención de que, a fin de, a fin de que, con el propósito de, con el propósito de que…

Modelo: Te llevaré la cámara a *fin de que* la revises.
        La televisión fue inventada *para que* las personas se divirtieran.

Presente
1. yo veo la televisión para mirar una película.
2. tú tienes un móvil para que tu madre pueda llamarte

Pretérito
1. yo escuchaba al radio con el fin de dormir
2. él trabajó en su computadora para que su amigo pudiera ayudarle

Futuro
1. Mi mama será usar su cámara con la intención de tomar fotos
2. yo conduciré un automóvil a fin de que mis padres compren un para mí

No hay teléfonos que funcionen
Caracterizar a personas o cosas

> No hay un solo teléfono que funcione. Necesito comprar un celular.

Gramática — Cláusulas adjetivales: subjuntivo

Si una cláusula adjetiva modifica algo no existente, no real, desconocido o indefinido, usamos el **subjuntivo**:

Ejemplos:
- No hay nadie que **tenga** un diccionario electrónico.
- No hay ningún computador que **funcione**.
- No hay nada que me **sorprenda**.
- Busco a alguien que **hable** japonés.
- ¿Conoces a alguien que **pueda** reparar mi computador?

Practiquemos

20 COMPLETA, RESPONDE y COMENTA con tu grupo. USA el presente, pretérito perfecto o imperfecto de subjuntivo.

Pregunta	Respuesta
1. ¿Hay alguien en tu familia que escriba *(haya escrito)* (escribir) un libro?	No hay nadie en mi familia
2. ¿Conoces algún aparato que traduzca (traducir) simultáneamente un discurso?	No conozco
3. ¿Existe algún automóvil que funcione (funcionar) por medio de la voz humana?	Ahora, no existe un automóvil
4. ¿Has conocido a alguien que hablara (hablar) más de siete idiomas?	No he conocido
5. ¿Has estado en algún país que no exigiera (exigir) visa a sus visitantes?	No he estado
6. ¿Conoces a algún deportista que gane (ganar) más de tres medallas olímpicas?	Sí. Michael Phelps
7. ¿Conoces alguna obra de arte que valga (valer) más de 4 millones de dólares?	Sí, Mona Lisa
8. ¿En tu último viaje, conociste a alguien que tuviera (tener) una experiencia difícil o extrema?	No conocí a alguien
9. ¿Conoces una familia que tenga (tener) más de siete hijos?	No conozco
10. ¿Has conocido a alguien que viajara (viajar) al espacio?	No he conocido

21 LEE

Pioneros en las telecomunicaciones

Las telecomunicaciones hacen uso de transmisores electrónicos como el teléfono, la televisión, el radio o el computador.

Entre los pioneros más destacados en la historia de las telecomunicaciones se encuentran:

1. Antonio Meucci
2. Alexander Graham Bell
3. Guglielmo Marconi
4. John Logie Baird

¿Los reconoces?

El primero, de origen italiano, pero radicado en Estados Unidos, fabricó en 1857 un aparato de transmisión de la voz. Lo llamó "teletrófono", pero por motivos económicos no lo pudo patentar.

El segundo, estadounidense, perfeccionó y patentó el teléfono que ha comunicado por muchas décadas al mundo entero.

El tercero, también italiano, inventó el telégrafo inalámbrico, basado en los estudios de Heinrich Hertz sobre las "radiaciones electromagnéticas", hoy conocidas como ondas de radio.

Y el último, escocés e ingeniero de profesión, inventó el primer televisor electromecánico. Aunque rápidamente su televisor fue reemplazado por otros puramente electrónicos, su aporte fue vital para el desarrollo de la televisión.

22 CORRIGE la siguiente información, usando la lectura anterior como referencia:

Meucci inventó un aparato que transmitía la imagen.

….No es cierto que Meucci haya inventado un aparato que transmitiera la imagen.

1. Alexander Graham Bell inventó y perfeccionó un teléfono que no pudo patentar.
2. John Logie Baird creó un televisor que funcionaba electrónicamente.
3. El "teletrófono" era un aparato que operaba con ondas de radio.
4. Marconi inventó un aparato que transmitía la voz.

23 En nuestros días es muy común encontrar celulares con cámara, reproductor de música, video, radio, calculadora, juegos electrónicos, calendario, agenda, acceso a Internet, GPS, bluetooth, envío de mensajes (SMS), etc. ¡TODO EN UN BOLSILLO! ¿Era posible ver estos tipos de celulares cuando eras niño? CUÉNTALE a un compañero. USA las siguientes situaciones:

Modelo: Tomar fotografías: No existía ningún teléfono que tomara fotografías.

1. Reproducir música o video: _____
2. Hacer cálculos: _____
3. Tener juegos electrónicos: _____
4. Tener calendario: _____
5. Recordar citas: _____
6. Permitir acceso a Internet _____
7. Tener GPS: _____
8. Transmitir datos (Bluetooth): _____
9. Enviar mensajes: _____

24 DISCUTE con un compañero las características de estos aparatos en cada época:

Aparato	Década de los 80's	Hoy en día
1. Reproductores de música		
2. Video juegos		
3. Computador		
4. Teléfono		

25 Ahora, ESCRIBE oraciones en las cuales menciones los cambios experimentados por estos aparatos.

Modelo: En los 80's no había teléfonos que grabaran videos.

Simón permanece en el puesto de salud al cuidado de la doctora Pilar. Se esfuerza por continuar su trabajo, pues una buena historia periodística no se abandona por difíciles que sean las circunstancias.

1. Pilar: ¿Qué son esas cosas que tiene en el suelo?
Simón: Son las partes de mi computadora, de la cámara, del teléfono satelital y de mi grabadora. Estaban mojadas y estoy secándolas al sol.
Pilar: No hay ningún aparato que aguante este clima, y menos una caída al río.

2. Simón: No te rías, Pilar. Soy optimista.
Pilar: Me agrada que me llames Pilar y que me tutees... Pero, Simón, no hay nadie que desarrolle tecnologías para climas como este.

3. Simón: Te equivocas, Pilarcita. Hay avances tecnológicos para los que trabajan en estos climas.
Pilar: No me convences. Tus aparatos no van a funcionar aquí.

4. Simón: ¡Mira, mira! Logré hacer que mi portátil empezara a trabajar.
Pilar: ¡Me sorprendes! ¿Y ahora qué?
Simón: Ahora trabajaré en mi historia, la del caso de David García.

5. Pilar: Simón, mira...
Simón: ¿Qué? Estoy mirándote.
Pilar: No, a mí no. Mira tu computadora. Creo que la conexión telefónica está funcionando.
Simón: ¿Ves? Te dije que iba a funcionar... ¡Te adoro, Pilar! ¡Te adoro!

6. Pilar: ¡Simón! ¡¿Qué haces?!
Simón: Solo fue un beso, ¡por la emoción del momento!... Y tal vez por algo más...
Pilar: Simón, la alegría se te subió a la cabeza.

7. Simón: Ahora tengo un asunto serio que investigar en Internet y un par de correos electrónicos por enviar.
Pilar: Camina un poco para que sane tu pierna y ¡no trabajes mucho! Te veré más tarde.

Practiquemos

26 **COMPLETA con el nombre correcto: ¿Simón o Pilar?**
1. _____ no se siente muy optimista con el funcionamiento de la computadora.
2. _____ piensa que el clima es malo para los aparatos electrónicos.
3. A _____ le gusta que le diga tú, en vez de usted.
4. _____ le pide a _____ que mire.

27 **RESPONDE.**
1. ¿Por qué tiene Simón sus aparatos electrónicos al sol?
2. ¿Por qué se considera Simón optimista?
3. ¿De qué manera sorprende Simón a Pilar?
4. ¿Qué consejos médicos le da Pilar a Simón?

28 **MARCA con una X la respuesta correcta que completa la oración.**
1. Los aparatos electrónicos de Simón están empapados porque...
    a. se mojaron con la lluvia.   **b.** se cayeron al río.
2. Pilar se sorprende por el beso que recibe de Simón. Parece que ella se da cuenta de que Simón está...
    a. enamorado de ella.   **b.** emocionado.
3. Pilar quiere que Simón _____ a mover su pierna y no trabaje tanto.
    a. camine   **b.** ponga
4. Aunque se encuentra enfermo de su pierna, Simón está ansioso por...
    a. seguir estudiando el caso de David.   **b.** investigar en Internet.
5. Pilar _____ de que haya tecnologías que funcionen para ese clima tropical de selva.
    a. no duda   **b.** duda

Pronunciemos   Los grupos de sentido

1 **PRACTICA la fluidez con los siguientes trabalenguas o más exactamente "retahílas":**

1. Hay una impresora.
Hay una impresora en la oficina que está en la esquina.
La esquina da al parque.
Hay una impresora en la oficina que está en la esquina que da al parque.
En ese parque venden una casa.
Hay una impresora en la oficina que está en la esquina que da al parque donde venden una casa.
Esa casa la heredó mi mamá.
Hay una impresora en la oficina que está en la esquina que da al parque donde venden la casa que heredó mi mamá.

2. Ese es un auto.
El auto tiene llamas rojas.
Ese es el auto que tiene llamas rojas.
Las llamas las pintó un francés.
Ese es el auto que tiene las llamas rojas que pintó el francés.
A ese francés le pagó una señora.
Ese es el auto que tiene las llamas rojas, que pintó el francés al que le pagó la señora.
La señora vende helados en la caseta municipal.
Ese es el auto que tiene las llamas rojas que pintó un francés al que le pagó la señora que vende helados en la caseta municipal. Por eso hablé con el francés que pintó las llamas en el auto que compró la señora que vende helados en la caseta municipal, para que a mi auto pinte llamas también.

Aires musicales:

La cultura argentina está matizada por el tango y la milonga, sin duda alguna, los dos aires musicales argentinos más difundidos internacionalmente. Su estilo bohemio, su baile elegante y vistoso han dado la vuelta al mundo. Carlos Gardel y Astor Piazzola son considerados íconos en este género; llevaron esta música y estilo artísticos a diferentes ámbitos culturales y geográficos.

Igualmente, el folclor argentino se internacionalizó gracias a exponentes como Mercedes Sosa, Atahualpa Yupanqui y Soledad Pastorutti. El rock argentino tiene una gran acogida entre el público nacional e internacional. Charly García, Soda Estéreo y Fito Páez han estado entre los grandes exponentes del rock en español desde los años 80 y principios de los 90.

Almanaque

Nombre oficial:
República Argentina
Capital:
Buenos Aires
Otras ciudades:
Córdoba, Rosario, La Plata, Mar del Plata, Paraná, Mendoza, San Carlos de Bariloche (famoso por sus centros de esquí), Posadas.
Idiomas:
Español. El guaraní es cooficial en la provincia de Corrientes.
Idiomas cooficiales:
Quechua, Aimara y todas las lenguas originarias.
Moneda:
Peso convertible (ARS).
Fiesta Nacional:
Julio 9 (Día de la Independencia - 1816).

Maravillas de Argentina

La Casa Rosada

Barrio La Boca

Buenos Aires

Fundada en 1536 por Pedro de Mendoza, la ciudad de Buenos Aires es la capital de la República Argentina y una de las ciudades más bellas e importantes de América Latina. "Los porteños", es decir, los nacidos en Buenos Aires, se distinguen de "los bonaerenses", que son de la provincia de Buenos Aires, cuya capital es La Plata.

La ciudad de Buenos Aires, ubicada en el margen oeste del río de la Plata, está dividida en 48 barrios, en donde los habitantes y visitantes pueden disfrutar de sus amplias avenidas; su deslumbrante arquitectura con influencia española, francesa e italiana; sus innumerables y enormes parques; sus museos; la mayor concentración de teatros en el mundo; sus cafés y restaurantes con sus preciosos espectáculos; sus 1.131 zonas; en fin, serían interminables los espacios que ofrece esta hermosa ciudad para disfrutarla. Es maravilloso caminar por los pintorescos barrios que la habitan; podemos citar algunos de ellos: Palermo con sus famosos bosques, jardines y parques que son el pulmón verde de la ciudad, el lujoso e histórico barrio de la Recoleta con su célebre cementerio La Recoleta; la Boca con su famoso estadio del Boca Juniors, San Telmo con sus coloniales calles e iglesias y su célebre feria de antigüedades y artesanías; el exclusivo y hermoso Puerto Madero con el parque Mujeres argentinas, entre otras atracciones, sin mencionar el centro de la ciudad con sus célebres monumentos, iglesias, sus pintorescas calles y la zona financiera, conocida como "la City".

La metrópolis tiene una importante vida cultural con sus museos, salas de exposiciones, galerías de arte y teatros de gran belleza arquitectónica como el Teatro Colón.

Muy cerca de la ciudad se encuentran las estancias para saborear los deliciosos asados argentinos, conocer los gauchos (campesino y ganadero argentino) y las esplendorosas pampas.

Practiquemos

29 **RESPONDE: ¿Falso o verdadero?**
1. Mercedes Sosa es una famosa cantante de tango. _____
2. En Argentina podemos hacer turismo enológico. _____
3. La música folclórica argentina solamente se conoce a nivel local. _____

30 **ELIGE la respuesta correcta:**
1. _____ y _____ han popularizado el tango argentino:
  a. Soledad Pastorutti y Astor Piazzola
  b. Fito Páez y Carlos Gardel
  c. Carlos Gardel y Astor Piazzola
2. En Argentina podemos esquiar en:
  a. La Patagonia
  b. San Carlos de Bariloche
  c. Mar del Plata
3. Argentina proclamó su independencia a principios del siglo:
  a. XIX   **b.** XX   **c.** XVIII

Mundo virtual

Capítulo

18

Tierra del fuego, Argentina

Viajeros: *Me sonrojaba cada vez que me mirabas*

El de hoy: un mundo muy virtual

Buscaban gente que opinara sobre la virtualidad

En cuanto llegues, lee mi blog

Aunque me ofrezcan más dinero, no cambiaré mi trabajo

Con el fin de que exista una mayor interacción…

AudioNovela
Pronunciemos

Cultura viva

Competencias comunicativas

- Hablar sobre la virtualidad del mundo contemporáneo

- Caracterizar algo o a alguien

- Expresar temporalidad

- Expresar una objeción o dificultad

- Expresar causa, finalidad, tiempo y objeción

Competencias léxicas y gramaticales

- Una mirada al mundo virtual de hoy

- Cláusulas subordinadas adjetivas o de relativo

- Cláusulas adverbiales de tiempo

- Cláusulas subordinadas concesivas

- Cláusulas con indicativo y subjuntivo

Competencias interculturales de comprensión y expresión

- Episodio 18: **Se busca**
- Las pausas en el habla

- Lo gaucho

- Chequeo y comprensión
- Mejorar la claridad en el habla a través de los grupos de sentido

- Argentinismos

Los tres amigos deciden permanecer [to stay] en la Argentina, mientras esperan noticias del hallazgo [discovery] que hicieron en la Isla de Pascua, en Chile. Juan Guillermo Plata, el experto en informática educativa, invitó a cenar a Hedda, porque quiere ayudarle a crear una wiki. Están en el Café Tortoni, uno de los más famosos "bares notables" de la ciudad. Juan Guillermo tiene un regalo para Hedda.

¿Un regalo para mí? ¿Qué será?

Juan Guillermo: Esto es algo que me gustaría que me regalaran; es decir, es algo muy especial. Sin embargo [however], no sé si te guste tanto como a mí.

Hedda: Me pareces una persona muy especial. ¡Y pensar que antes de conocerte creía que eras un pedante! [pretentious]

Juan Guillermo: ¿Prefieres abrirlo después de que nos sirvan la cena?

Hedda: ¡Oh, no! Prefiero abrirlo antes de cenar.

Juan Guillermo: Después de que lo abras, cenamos.

Hedda: ¡Son las poesías completas de Borges! Créeme, es el mejor regalo que pudiste haberme dado.

¡Qué groso haberte conocido!

Fue una comida fantástica y el regalo estuvo especial.

Juan Guillermo: En cuanto te conocí [As soon as] y empezamos a hablar, supe que me gustabas.

Hedda: Tú también me gustaste desde [since] esa noche en el coctel. Yo sentía que me sonrojaba [blush] cada vez que me mirabas.

Juan Guillermo: Bueno, tenemos una semana para estar juntos. Mientras estemos aquí, pienso ser tu guía permanente. Tenemos mucho de qué hablar.

Hedda: ¿Y la wiki?

Juan Guillermo: Jejeje. Fue una buena excusa para conocernos. ¿No te parece? Debemos empezar a configurarla [configure] tan pronto como tengas tiempo. Nos queda solo una semana.

Hedda: Tienes que viajar a los Estados Unidos y yo tengo que seguir con mi itinerario, para luego regresar a Noruega.

Me agradó conocerte.

Juan Guillermo: ¿Creés que nuestra relación siga funcionando a través [through] de la distancia?

Hedda: Aunque con [Even though] la tecnología no hay distancias, no estoy segura de que la cosa funcione.

Juan Guillermo: Podemos intentarlo. Sabés que podemos comunicarnos por videoconferencia, por chat, por celular; podemos estar en contacto de muchas maneras.

Hedda: ¿Y visitarnos cada vez que podamos? Aunque me gustas muchísimo, no creo que sea una buena idea. Tal vez [maybe] es mejor que mantengamos el contacto.

Practiquemos

1 **ESCRIBE (F) falso, (V) verdadero o (NI) no hay información.**
1. Los amigos están en la Isla de Pascua esperando noticias del tesoro. _F_
2. Aunque lo creía pedante, Hedda se enamoró de Juan cuando lo conoció. _V_
3. A Hedda le fascinó el regalo que le dio Juan Guillermo. _V_
4. El trabajo con la wiki los unirá más. _V_ NI
5. Hedda acepta ser la novia de Juan Guillermo. _NI_

2 **RESPONDE**
1. ¿Por qué se sonrojaba Hedda cada vez que Juan Guillermo la miraba? Porque ella le gusta a él
2. ¿Por qué crees que Hedda prefiere ser amiga de Juan Guillermo y no ser su novia? Porque ellos solamente conocieron para una semana

Una mirada al mundo virtual de hoy

• Ocho de la noche. Juan llega a casa luego del trabajo. Acaba de comer y, como de costumbre, se sienta en su escritorio, revisa las páginas de periódicos que su perfil de Internet le tiene abiertas, lee las tres cuentas de correo diferentes que *to have* posee y revisa los comentarios, mensajes y enlaces (también llamados links) en el perfil que tiene en una conocida página de comunidades virtuales.

• Elizabeth, a quien le encanta la música, chatea con los amigos que encuentra conectados en una sala de chat, mientras baja películas y canciones que más tarde verá o escuchará, cuando no pueda conciliar el sueño. *to reconcile* Luego toma unas lecciones de guitarra que está haciendo desde hace tres meses en una página de aprendizaje virtual.

• José juega en línea con gente de distintos países del mundo. La partida de hoy será de póquer, con un jugador en Italia y otro en Uruguay. Poco antes había escrito un mensaje de texto (SMS) a su novia para cancelarle la cita que tenían pendiente *Pending* para esta noche.

• Cristina entra a Internet para chatear con su esposo que está en Inglaterra estudiando por seis meses. En la pantalla se ven. Ella le cuenta sobre María Clara, su hija de dos años, y le informa sobre las transacciones virtuales que ha hecho en la semana.

• Emma lee en Internet sus blogs favoritos. Ella montó su propio blog y está inscrita en una red de blogueros, donde comparte opiniones sobre la vida nacional y los deportes, en especial el automovilismo, del que es fanática.

3 **¿Y tú? ¿Para qué usas la Internet? ELIGE:**
- Entretenimiento (juegos, vídeos, música, etc.).
- Comunicaciones (correo electrónico, llamadas telefónicas, chats, etc.).
- Conocimiento (consultas en enciclopedias, páginas especializadas, etc.).
- Relaciones comerciales (banco, compras, pagos, etc.).
- Cuestiones de trabajo.

Para todo

To find out

4 **1. AVERIGUA con tu compañero, ¿para qué usa la Internet?**
2. ESCRIBE y DISCUTE los puntos a favor y en contra de la virtualidad.

A favor:	En contra:

3. Ahora, ANALIZA con un compañero los siguientes mensajes publicitarios. ¿Cuáles son sus opiniones?

a. Ya no necesitas salir de casa.
b. A solo un clic de distancia.
c. Conoce a la mujer o al hombre de tus sueños.
d. Acabas de ganar 10.000 dólares.
e. Envíanos tus datos y te enviaremos el premio.

5 **ENTREVISTA a un compañero:**

1. ¿Los mensajes anteriores van a favor o en contra de la calidad de vida de las personas?
2. ¿Cuáles crees que son los riesgos que corren los niños y jóvenes en la Internet?
3. ¿Crees que la Internet es un ambiente seguro para la integridad física y moral de los niños y adolescentes?
4. ¿Perdemos la privacidad debido a la Internet? ¿Qué piensas al respecto?
5. ¿Qué regulaciones deberían existir respecto de la seguridad y la responsabilidad de los sitios en Internet?

La universidad invitó a sus estudiantes a que opinaran sobre la manera como "se comunicaban y habitaban lo digital" por medio de trinos (la palabra en español para tweets). Algunos respondieron:

 oscar@arte

Pienso que estas posibilidades son maravillosas en términos de comunicación e intercambio de información, aunque se pierde privacidad.

 adri@movil

Necesitábamos un medio que permitiera una socialización de la información, y en el mundo digital lo encontramos.

 raul@luque

Es útil para la democratización, para recibir y transformar, pensar y repensar.

 vero@nica

Yo tengo una página cuya función es promover la utilización de las TICS para la empresa y la educación.

 fieke@marias

Es excelente para quienes queremos hacer empresa a través de las redes sociales. También aumenta nuestra calidad de vida. Hace que nuestras labores sean más fáciles.

 rodrigo@vallye

Estar inmerso en el mundo digital es conectarnos con el mañana.

Practiquemos

6 **RESPONDE las siguientes preguntas en formato twitter, es decir con la restricción de no exceder los 140 caracteres, entre letras y símbolos.**

1. ¿Y tú? ¿Cuál es tu opinión y cómo vives la virtualidad?

2. ¿Qué tanto te preocupan los mensajes desconocidos que recibes en la Internet?

3. ¿Qué opinión te merece que muchos personajes de la vida política y de la farándula usen este medio para mantener cautivos a sus seguidores?

4. ¿Qué usos positivos le ves a este formato de comunicación y qué aspectos negativos encuentras?

5. ¿Podría este medio estimular o desestimular el empleo?

Gramática Cláusulas subordinadas adjetivas o de relativo - Pronombres relativos

Para precisar la información sobre…	Se usa:	Ejemplos:
…personas, animales o cosas	que	Compramos el teléfono inteligente que nos recomendaste. Hablamos con el abogado que está encargado del caso.
…personas	quien quienes	El señor Pérez, quien es experto en mundos virtuales, llegó de Ecuador. Le presenté las chicas con quienes viajé a Buenos Aires.
…personas o cosas	preposición + el/la cual, el/la que los/las cuales, los/las que	El técnico, del que te hablé ayer, también conoce de Telecomunicaciones. Ese es el programa con el cual tendremos que trabajar.
…una idea previa (se utiliza una coma)	lo que lo cual	Ha habido un cambio en las políticas, lo que ha traído descontento a los empleados. Dijo que volvería, lo cual me tiene muy preocupado.
…un antecedente desconocido	lo que	Lo que dijo el asesor no lo entendí. Háblame sobre lo que piensas.
…un poseedor	cuyo cuya cuyos cuyas	Ese es el profesor cuya obra fue traducida a varios idiomas. Marie es la estudiante cuyos documentos están extraviados. Es un curso cuya finalidad consiste en capacitar en el uso de nuevas tecnologías.
…una totalidad de algo	cuanto, cuantos, cuanta, cuantas	Te prestaré cuanto dinero necesites. Me tomaré cuanto tiempo sea necesario. Adoptaremos todo cuanto sirva para unir.
…lugares	donde, adonde	Está donde lo dejaste. Ve adonde creas que haya que ir.

Nota

Los **pronombres relativos** (que, quien o quienes, donde, cuando, etc.) son palabras que nos sirven para formar cláusulas subordinadas adjetivas. De esta manera caracterizan un sustantivo (persona, animal o cosa) denominado ANTECEDENTE. Por medio de estos pronombres, elaboramos unidades más complejas. Sin los pronombres relativos las oraciones suenan separadas y con escasa cohesión. Los pronombres relativos se usan para modificar, explicar o especificar y el pronombre *que* es el más usado y puede utilizarse con personas, animales o cosas.

7 **ELIGE la oración de la derecha que completa la oración principal y ESCRIBE la letra correspondiente:**

1. Este es el programa **F**
2. La reunión **E** terminó después de medianoche.
3. Conocí un dispositivo **G**
4. El discurso, **H** será leído en la graduación.
5. La investigación **D** va a ser publicada.
6. La chica **B** es mi prima.
7. El doctor Medina, **A** estará en el Congreso mañana.
8. La Universidad **C** tiene 120 años.

a. quien recibió el premio en Francia,
b. con la que te vi
c. en donde estudié
d. en la que participamos
e. a la que asistí
f. con el que tendremos que trabajar este semestre.
g. que comunica los pensamientos con el computador.
h. cuyo texto fue escrito por el profesor,

8 **Vas a escuchar una entrevista al Profesor Helmuth Treftz, un especialista en virtualidad. ESCUCHA y ESCRIBE la opción (a - g) que complementa cada una de las ideas de la izquierda. LEE las preguntas y opciones antes de escuchar. Solo necesitas cinco opciones.**

(20)

1. Según el profesor, este es un momento **C** en el tema del desarrollo de herramientas para la virtualidad.
2. La realidad virtual es una herramienta de inmersión **F** por el computador.
3. En la comunicación entre humano y máquina, **A** interfaces sintéticas de entrada y de salida.
4. El futuro de la realidad virtual está muy **G** al mundo de las sensaciones y sentidos.
5. Los controles físicos tienden a **D** en la interacción con las máquinas.

Opciones
a. existen
b. visualizar
c. crucial
d. desaparecer
e. difundido
f. generada
g. asociado

9 **ENLAZA estas características en una sola oración. TEN EN CUENTA que en algunos casos debes usar el subjuntivo.**

Modelo: Vamos a comprar un computador. Ese computador debe ser muy rápido.
El computador que compremos debe ser muy rápido.

1. Conocí a un chico por Internet. Él tiene un blog sobre Cibernética.
   El chico que conocí por Internet, tiene un blog sobre Cibernética.
2. Te leí un twitter ayer. Ese twitter fue escrito por el expresidente.
   El twitter que yo leí ayer fue escrito por el expresidente.
3. Nos vamos a ver en un bar. Ese bar quizá tenga Wifi. Sería ideal.
   Ojalá que el bar donde nos vamos a ver, tenga Wifi
4. Tengo una amiga. Su hijo es muy bueno para los computadores. Ella va para Cuba este fin de mes.
   La amiga que tiene un hijo muy bueno para los computadores, va para Cuba este fin de mes
5. Esa es mi amiga. Estudié con ella en la facultad. Espera bebé.
   La amiga con quien estudié en la facultad, espera bebé, cuyo hijo es muy bueno
6. El curso de Tecnologías termina la semana próxima. Te hablé ayer sobre él.
   El curso de Tecnologías de que te hablé ayer sobre, termina la semana próxima.

En cuanto llegues, lee mi blog
Expresar temporalidad (anterioridad, posterioridad y simultaneidad)

"La Isla de Pascua" o "El ombligo del mundo"
(handwritten: Easter / naval)

 Publicado octubre 6, 2007 Animal humano, Descubrimientos, Planeta Tierra 20 comentarios

Decidimos ir a la isla de Pascua hace tres años, mientras hacíamos un recorrido por Chile con un grupo de amigos. Esta bella y misteriosa isla es la mayor de las islas del Chile insular del Pacífico con una población de 3.791 habitantes. Antes de viajar, no habíamos pensado incluirla en nuestro paseo, porque queda muy alejada del continente americano (3.680 Km de Chile); pero afortunadamente nos encontramos con unas personas que nos convencieron de que el viaje era una gran oportunidad para conocer algo inolvidable.

En cuanto llegamos a Hanga Roa, su capital y único poblado existente, quedamos asombrados por el recibimiento que nos hicieron los isleños. Al día siguiente, después de tomar el desayuno, nos fuimos a visitar el famoso Parque Nacional Rapa Nui, en donde reposan más de mil estatuas colosales conocidas como Moáis. Tan pronto como llegamos al parque, nos pusimos a tomar fotos y a contemplar las misteriosas esculturas que se encuentran en un imponente paisaje. En 1995, la Unesco declaró este parque como patrimonio de la humanidad.

Conocida como "El ombligo del mundo" por su posición geográfica, la isla toma su nombre de Pascua porque, cuando el explorador neerlandés Jakob Roggeveen pisó por primera vez la isla, era el día de Pascua de Resurrección.

Cada vez que miramos las fotos, recordamos ese hermoso espectáculo de misterio, volcanes, playas, vegetación exótica, tradición y su maravillosa cultura Rapa Nui.

Un punto de vista muy personal
Este es el blog de Marta Restrepo.
En él se expresan todas las martas que me habitan: la racional, la emocional y todas sus subdivisiones.

Algo sobre mí
Entrevista en *equinoXio*, en la columna de Lully: "Al desnudo en mi balcón".

 ERES LO QUE ESCRIBES / ERES COMO ESCRIBES

Categorías
Análisis
Animal humano
Étnica periodística

Practiquemos

10

A. LEE el blog de Markota y COMPLETA las oraciones:
1. _Los Moáis_ son estatuas de piedras monolíticas, que se encuentran en la Isla de Pascua.
2. _Rapa Nui_ es el nombre de la etnia que habita la Isla de Pascua y del idioma.
3. Por su posición geográfica, la Isla de Pascua también la denominan _El ombligo del mundo_

B. RESPONDE ¿FALSO (F) o VERDADERO (V)?
1. Antes de visitar Chile, ellos pensaron ir a La Isla de Pascua. (F) V
2. Esta isla pertenece al sistema insular ~~antártico~~. *Pacífico* (F) V
3. Sus grandiosas estatuas monolíticas son consideradas patrimonio de la humanidad y maravillas del mundo. F (V)
4. La isla tiene varias poblaciones. (F) V
5. La isla fue descubierta por un navegante europeo. F (V)

Gramática — Cláusulas adverbiales de tiempo

Las **cláusulas adverbiales de tiempo + presente de subjuntivo** expresan condiciones **futuras o hipotéticas**:
Cuando tenga un buen trabajo, me casaré.
En cambio, **las cláusulas adverbiales de tiempo + indicativo** expresan condiciones **presentes o pasadas**, es decir reales: **Cuando** el jefe llega, nunca saluda.

cuando, en cuanto, apenas, tan pronto, cada vez que, siempre que, desde que, hasta que, mientras	Presente de subjuntivo	futuro	Cuando **escuche** esa melodía, me acordaré de ti.
cuando, en cuanto, apenas, tan pronto, cada vez que, siempre que, desde que, hasta que, mientras	Indicativo	presente o pasado	Cuando **escucho** esa melodía, me acuerdo de ti.

Practiquemos

11 **ESCRIBE**, como en el siguiente modelo, el modo y el tiempo del verbo de la oración subrayada y si este se refiere a una acción pasada, presente, futura o hipotética:

Modelo: Iré cuando tenga el dinero. Presente de subjuntivo (acción futura).

1. Yo siempre voy, cuando tengo el dinero. _____

2. En el pasado yo solía ir, cuando tenía el dinero. _____

3. Cuando vayas a Buenos Aires, visita el museo. _____

12 **COMPLETA con la forma correcta los siguientes planes:**

Cuando 1_____ (salir) de acá, 2_____ (llamar) a mi esposa.

En cuanto 3_____ (llegar) a casa, me 4_____ (dar) una ducha.

Tan pronto 5_____ (obtener) mi licencia de conducción, 6_____ (usar) el carro de mi esposo.

Apenas 7_____ (estar) en casa, _____ (encender) la tele nar de ver el partido.

Cuando 9_____ (ser) grande 10_____ (ir) a la universidad y 11_____ (ser) una gran ejecutiva.

13 **ESCRIBE la opción completa para cada una de las siguientes ideas:**

1. **Apenas consiga** un buen trabajo, ___	a. **hasta que termine** de pagar mis deudas.
2. **Cada vez que pases** por esa calle, ___	b. mis alumnos escuchan y toman notas.
3. **En cuanto** se restablezca la conexión, ___	c. **hasta que terminaron** los ejercicios.
4. No compraré un nuevo computador ___	d. ha sido un gran compañero.
5. En la clase, **mientras leo** los poemas, ___	e. **cada vez que íbamos** a su casa.
6. Ellos no salieron ___	f. te enviaré los correos.
7. **Desde que llegó** a esta empresa, ___	g. me casaré.
8. Mi abuela nos contaba historias ___	h. te acordarás de mí.

14 **ESCUCHA la historia y COMPLETA las oraciones con los conectores de tiempo:**

Antes de (que)	Cuando	Hasta que	Mientras
Cada vez que	Después de	En cuanto	Al
	Antes de		

1. _____ llegar a la finca, ellos comieron en una fonda del camino.

2. _____ llegar, ellos arreglaron la casa y se durmieron.

3. _____ Ana María daba un paseo por el campo, su novio preparaba el desayuno.

4. _____ llegaran los ladrones, Ana María y su novio habían salido de la casa.

5. _____ los chicos iban a hacer una llamada, se dieron cuenta de que los ladrones habían cortado los cables del teléfono.

6. Uno de los ladrones dijo: "No nos iremos _____ saquemos todo el dinero y los objetos de valor".

7. _____ hacían un movimiento, el ladrón les apuntaba con el revólver.

8. _____ sufrir esta situación, todos recogieron las cosas y se fueron a la ciudad.

Aunque me ofrezcan más dinero, no cambiaré mi trabajo
Expresar una objeción o dificultad

LEE estos mini diálogos y OBSERVA las palabras en negrita. ¿Qué expresa cada una?

1

¿Cómo les fue en el concierto? ¿Cómo estuvo?

No pudimos entrar. **Pese a que** llegamos temprano, no pudimos conseguir boletas. Había mucha gente.

3

Lina: ¿Has pensado aceptar el nuevo trabajo que te ofrecieron en Panamericana Tech?

Maritsa: No creo. Estoy feliz con el ambiente en que laboro, tengo muy buenos amigos, he crecido como persona… **Aunque** me ofrezcan más dinero, no cambiaré mi trabajo.

4

2

José: ¿Y ese señor trabajó con ustedes en la compañía?

Mario: Bueno, **si bien** él trabajó en la empresa, nunca formó parte de nuestro equipo de trabajo.

Olga: Pero, ¿qué le pasa a Gloria con la decisión sobre su carrera? Todas le hemos dicho que no puede quedarse sin estudiar.

Claudia: Está muy desmotivada e indecisa y **por muchos consejos que le demos**, ella no va a escucharnos. Siempre encuentra una excusa para justificar su inseguridad.

Gramática Cláusulas subordinadas concesivas

Las cláusulas concesivas expresan una objeción, dificultad u oposición al contenido de la oración principal, pero no impiden el cumplimiento de ésta. Además, el orden de ANTECEDENTE y CONSECUENTE se puede invertir: *No saldré hasta que termine* o *Hasta que termine, no saldré*.

I. Conectores + subjuntivo/indicativo *A pesar de que* *Pese a que*	*Pese a que trabajó / trabajara* 10 años en la empresa, va a renunciar. Cambié mi computador *a pesar de que me habían advertido / advirtieran de que esa nueva marca no era confiable.*
Aunque; por mucho que	*Aunque / Por mucho que estudie*, nunca ganaré esos exámenes. *Aunque / Por mucho que estudio*, nunca gano los exámenes.
Por mucho (a, os, as) + sust. + que *Por poco(a, os, as) + sust. + que* *Por más + sust. + que* *Por (muy) + adj. + que*	*Por muchos ejercicios que hagas*, tu estructura ósea no va a cambiar. *Por poco que cuesten* las medicinas, para mí son muy caras. *Por más adornos que le ponga*, nunca se verá bonita la casa. *Por muy costoso que sea* el libro, lo tenemos que comprar. *Por complicado que parezca*, tendremos que resolverlo.
II. Conector + Indicativo *Si bien*	*Si bien* este sistema *necesita* mucho cuidado, es el más confiable del mercado.
III. Conectores + infinitivo *A pesar de…* *No por mucho…*	*Pese a… A pesar de / Pese a haber trabajado* 10 años en la empresa, va a renunciar. *No por mucho madrugar*, amanece más temprano.
IV. Conector + gerundio *Todavía / aun / incluso*	*Aun teniendo* la razón, ella pidió disculpas.

Practiquemos

15 **ELIGE la opción correcta:**

1. A pesar de _____*b*_____ el dinero, no lo compraré.
   a. tenga   **b.** tengo   **c.** tener

2. Aunque Carlos _____*c*_____ todo el esfuerzo por dirigir el grupo, no era la persona indicada para eso.
   a. hacer   **b.** haría   **c.** hacía

3. Por mucho calor que _____*hace b.*_____, tendremos que caminar hasta la estación.
   a. haga   **b.** hace   **c.** hacer

4. A pesar de que ellos _____*c*_____ los motivos del retraso, el supervisor no les creyó.
   a. expliquen   **b.** explican   **c.** explicaron

5. Aun _____*sea b. c*_____ la verdad, ella lo perdonó.
   a. sepa   **b.** sabiendo   **c.** sabe.

16 **ELIGE el conector y completa la oración con la opción correcta:**

Por muchos(as) que   A pesar de que   Pese a   Aunque   Aun   Si bien   Por muy... que
no matter how much   *Despite the fact that*   *In spite of*   *Even though*   *Even*   *Although*   *As much as*
to that   *disagreements*

1. _*A pesar de que*_ estar muy nerviosa, me atreví a expresarle mis desacuerdos.
2. _*Por muy*_ difícil _*que*_ parezca, lo debes intentar.
3. _*A pesar de que*_ estén listas las máquinas, no podremos usarlas porque no tenemos permiso.
4. _*Aun*_ conociendo los invitados a la recepción, no iré.
5. _*Aunque*_ nosotros cumplimos con todos los requisitos, no nos tuvieron en cuenta.

17 **DISCUTE sobre las ventajas de la prensa virtual y de la prensa impresa:**
¿Consideras que los periódicos impresos desaparecerán en el futuro? ¿Por qué?

18 **LEE las ventajas que tiene cada tipo de prensa y DECIDE cuál prefieres; luego ARGUMENTA: ¿Por qué?**

Periódico virtual	Periódico impreso
1. Bajo costo	1. Es un medio de gran tradición
2. Información inmediata	2. Es un elemento acostumbrado e imprescindible para muchas personas
3. Capacidad de ampliación de su cubrimiento por los enlaces que ofrece	3. Facilidad para leer en cualquier lugar
4. Posibilidad de comunicación directa con el director o el columnista	4. Puedes recortar noticias de tu interés
5. Mayor gama de colores	5. Sirve para los reclamos públicos
6. Actualización permanente de las noticias	6. Es especial para los anunciantes
7. Gran potencial de difusión	7. Genera trabajo a muchas personas de diferentes clases sociales

19 **Ahora ESCRIBE algunas desventajas de cada uno:**

Modelo: *El periódico virtual se excede en publicidad que interrumpe la lectura.*

20 **LEE los siguientes titulares de prensa. ELIGE uno e INVENTA la historia. INCLUYE los conectores de concesión.**

1. Joven que hirió a policía en manifestación callejera dice que aprendió a hacer el artefacto en internet

2. Dijo que quería sentir lo que sintieron sus amigos de una página en Internet después de consumir un cóctel de medicinas

3. Madre encuentra a su hija después de veinte años. Usó las redes sociales en internet

4. Mujer se endeudó por más de 25.000 dólares en compras por internet

5. Estudiante universitario violó sistema de seguridad de la policía a través de internet

Practiquemos

21 LEE y RESPONDE:

Markota
Un punto de vista muy personal

Blog Markota

Primavera

Publicado abril 12, 2011 Fotos, Mis Alegrías   Deja un comentario

sprout   *stick out*   *saint sign*

Los primeros brotes de las plantas se asoman esperando el santo y seña para vestir de verde la primavera. Algunas flores, anticipadas mensajeras, se abrieron tempranas para dar la bienvenida a la fiesta de colores.

messangers

Un punto de vista muy personal
Este es el blog de Marta Restrepo.
En él se expresan todas las martas que me habitan: la racional, la emocional y todas sus subdivisiones.

Algo sobre mí
Entrevista en *equinoXio*, en la columna de Lully:
"Al desnudo en mi balcón".

ERES COMO ESCRIBES

Informe sobre el estado de la blogo hispana
Bitacoras.com 2010

Archivo
abril 2011
marzo 2011

¿Blog o bitácora? → *blog?* *anglicism*

Aunque en español existe la palabra bitácora, el anglicismo blog se ha posicionado más y es ampliamente utilizado. El blog (contracción de WEBLOG) o bitácora es un sitio electrónico personal que se publica en Internet. En este tipo de sitios, los artículos o entradas se archivan en orden cronológico y descendente. Dado que sirve para escribir y divulgar (*publicize*) artículos sobre los temas que tienen algún interés personal o profesional para su autor, hay muchas clases de bitácoras: personales, educativas, científicas, tecnológicas, de videos, empresariales, etc. Con el fin de que exista una mayor interacción entre autor y lector, una bitácora permite actualizar sus contenidos con mayor regularidad que en una página virtual promedio. El autor puede escribir sobre cualquier tema y guardar, modificar y hasta borrar los artículos cada vez que lo desee (*everytime*); y, a su vez, el lector puede opinar y escribir sobre el punto de vista del autor, la información, etc. Dada esta versatilidad, también se pueden publicar fotos, videos y audios. ¿Quiénes publican, visitan y dejan comentarios en las bitácoras? La blogósfera es abierta y libre; crear una bitácora es fácil y puede tener uno o varios autores; ser anónima o pública. Dado que existe una interacción entre el autor del blog y sus lectores, es posible la afiliación a comunidades con intereses comunes. Entre las ventajas de crearla, está la de que tanto el autor como el lector tienen la posibilidad de afiliarse a comunidades y hacer contacto con personas con las que tengan intereses similares. A pesar de que las primeras bitácoras nacieron alrededor de 1994, cuando algunas personas empezaron a escribir sus diarios personales en la Internet, el término weblog se dio a conocer a finales de 1997. Desde entonces el término se ha impuesto y aunque existen equivalentes en diferentes idiomas, blog tiene un valor casi universal.

22 **A. Con base en la lectura anterior, RESPONDE:**

1. ¿Qué tipo de bitácora es la que aparece al comienzo de este capítulo (personal, tecnológica, empresarial, etc.)? ¿Por qué? *Ciencia, porque es sobre árboles*
2. ¿De qué habla el blog? *Sobre los brotes*

B. Con respecto a ti: *yo leo blogs, pero ninguno en particular.*

1. ¿Te gusta leer blogs? ¿Conoces alguno en particular que te guste mucho? ¿Por qué te gusta?
2. ¿Te gusta la idea de tener un blog? *No. Para mí, no me gustar escribir*
3. ¿Sobre qué tema te gustaría escribir en un blog? *sobre el liderazgo?*
4. ¿Crees que hay blogs peligrosos? *A veces, con ciberacoso*
5. ¿Cuál crees que debe ser el papel de los padres respecto del uso de internet de sus hijos? *Para enseñar sobre los peligros del Internet*
6. ¿Qué regulaciones deberían existir respecto de la seguridad y la responsabilidad de los sitios en internet? *las regulaciones deberían seguir la ley*
7. ¿Crees que el mundo es más inseguro hoy con internet?

23 **SUBRAYA en la lectura las cláusulas e INDICA sus funciones (¿son de tiempo, concesión, causa o finalidad?)**

Resumen de las cláusulas con indicativo y subjuntivo

Para expresar y ampliar información en relación con	conectores	con indicativo (situación real)	con subjuntivo (situación futura o hipotética)
tiempo	cuando, en cuanto, tan pronto como, al, apenas	Cuando tengo tiempo, leo. (Realmente, tengo tiempo).	Cuando tenga tiempo, lo leo. (No es seguro que tenga tiempo).
concesión	aunque, a pesar de que, pese a que, por mucho que, por más que	Aunque tengo tiempo, no me apetece leer.	Aunque tenga tiempo, no me llama la atención leerlo.
causa	porque, debido a que, ya que, a causa de que, dado que, puesto que, como, no porque (+ subjuntivo), por (+ infinitivo)	Ya que / debido a que / a causa de que / dado que / puesto que / como / porque tienes más tiempo, lees más.	No porque tengas más tiempo, podrás leer mejor.
finalidad	para (que), con el fin de que, a fin de que, a que		Para que / con el fin de que / a fin de que tengas más tiempo, organiza mejor tu día.\n\nVengo a que me atiendan.

Practiquemos

24 MARCA con una X el conector correcto (o los conectores correctos):

1. Vino ___A___ le explicaran el motivo de su despido.
   a. gracias a   **b.** a que   **c.** a fin de

2. _____ tarde _____ sea, tenemos que seguir esperando. No podemos irnos sin ella.
   a. Por mucho … que   **b.** Por muy … que   **c.** A causa de

3. Te enviaré el correo _____ llegue a la oficina.
   a. a pesar de que   **b.** para que   **c.** tan pronto como

4. _____ nos negaron el permiso, no pudimos entrar a la conferencia.
   a. Porque   **b.** Cada vez que   **c.** Debido a que

5. Encuentro su mensaje _____ abro el correo.
   a. siempre que   **b.** aunque   **c.** mientras que

6. _____ mirar mi extracto bancario, encontré muchos errores.
   a. Pese a   **b.** Con el fin de   **c.** Al

25 ELIGE la oración que refleje tu opinión. DISCUTE con un compañero.
   1. Es inseguro comprar por internet.
   2. Es muy cómodo comprar por internet.
   3. Prefiero ir a un centro comercial a hacer mis compras.

26 ESCRIBE dos titulares de noticias que demuestren los aspectos positivos de internet. EXPLICA uno de ellos a un compañero.

_____   _____

Episodio 18: Se busca

Simón aún se está recuperando en el centro de salud de La Honda. Una mañana mientras navega por internet, hace un descubrimiento que lo deja asombrado. Entre tanto, Carmen y Vladimir continúan su viaje por la selva, tratando de encontrar a David García. A ellos también los esperan sorpresas. . .

1. Simón: La tecnología sirve mucho, Pilar. Mira lo que descubrí. ¿Ves esta foto en la pantalla?
Pilar: Sí. Es un hombre mayor, de pelo blanco. . .
Simón: Pues este señor es José Antonio Ballesteros; es decir, el Profesor Ballesteros y... ¡lo busca la INTERPOL!
Pilar: ¿Y tú lo conoces?
Simón: Es el director del Instituto Chocó Biogeográfico.

2. Pilar: Explícate mejor.
Simón: Fue profesor de David García; además, es un profesional muy respetado en los círculos científicos.
Pilar: ¿Y de qué lo acusan?
Simón: De biopiratería disfrazada de investigación científica.
Pilar: ¡Eso es muy grave!
Simón: ¡Quisiera avisarles a Carmen y a Vladimir! ¿Dónde estarán ahora?

3. Vladimir: No quiero ser pesimista, pero tendrás que prepararte para lo peor.
Carmen: Estoy preparada para lo peor, pero confío en lo mejor.
Vladimir: Es una buena filosofía.

4. Carmen: Mira estas huellas en el suelo.
Vladimir: ¿Hablas de pisadas de jaguar?
Carmen: Son pisadas de botas. ¡Quieren decir que llegaremos pronto!
Vladimir: Chhh, baja la voz que hay gente cerca.
Carmen: Mmmm..., parece un campamento...
Vladimir: ¿Serán los científicos que mencionó Jacinto, el jaibaná?
Carmen: Háblales con tu mejor acento cubano. Convéncelos de que somos turistas.

5. Vladimir: Somos turistas, ornitólogos. Vamos para el Parque de los Katíos. ¿Son investigadores?
Ramón: Sí, esta es una estación científica.
Vladimir: Yo soy Eugenio Molina y la señorita es mi amiga Carolina Valle.
Ramón: Ellas son Susana y Mónica.
Vladimir: ¿No sería mejor pasar la noche aquí, Carolina?
Susana: No, no creo que sea buena idea.
Carmen: ¡No, nos iremos de aquí!

6. Carmen: Me llamo Carmen Cortés y busco a David García Escudero. ¡Quiero saber dónde está y qué hicieron ustedes con él!
Susana: Nosotros no sabemos nada de David.
Ramón: Señorita, David está perfectamente bien.
Carmen: ¡No le creo! Dígame dónde está David o los denuncio.
Vladimir: Tranquila, Carmen, haz lo que te digan y todo saldrá bien.

7. Ramón: Mónica, no sueltes a ese hombre. Susana, trae una soga. Los ataremos a un árbol.
Carmen: No se saldrán con la suya, ya verán. . .

Practiquemos

27 **UNE el resumen de la derecha con la opción correcta de la izquierda:**

1. Escenas 1 y 2 ___
2. Escena 2 ___
3. Escena 3 ___
4. Escena 4 ___
5. Escena 5 ___
6. Escena 6 ___
7. Escena 7 ___

a. A pesar de que están en un pueblo lejano, Simón tiene acceso a internet.
B. Carmen menciona su optimismo.
c. Encuentran un campamento mientras caminan.
d. Carmen y Vladimir terminan atados a un árbol en medio de la selva.
e. Carmen, desesperada, pregunta por el paradero de David.
f. Simón le cuenta a Pilar quién es el profesor Ballesteros y que este es buscado por la Interpol.
g. Los dos grupos de personas se presentan.

28 **ELIGE la opción correcta**

1. Pilar	a. Ya conocía al Doctor Ballesteros.
	b. No conocía al Doctor Ballesteros.
2. Simón	a. Piensa que la tecnología es una gran ventaja.
	b. Tiene una idea negativa sobre la tecnología.
3. Ballesteros	a. Dirige un instituto de investigación biológica.
	b. Es director de una organización de policía internacional.
4. Carmen	a. Le sugiere a su compañero que hable con acento extranjero.
	b. Le pide a Vladimir que niegue que es extranjero.
5. Vladimir	a. Piensa que Carmen es muy negativa.
	b. Aprecia el optimismo de Carmen.
6. Susana	a. Piensa que es mejor que duerman en la estación científica.
	b. Considera que no deben permanecer allí toda la noche.
7. Ramón	a. Ordenó que ataran a los cautivos.
	b. Sugirió que no se saldrían con las suyas.

Pronunciemos   Las pausas en el habla (# = pausa)

1 **OBSERVA:**

1. Necesitábamos a alguien # que supiera de realidades virtuales # pero no lo encontramos.
2. Pensábamos que nunca lo encontraríamos, # y no # Lo encontramos.

2 **ESCUCHA y ESCRIBE el símbolo # donde sientas una pausa:**

1. estudiá el tema nuevo estará en el examen.
2. estudiá el tema nuevo estará en el examen.
3. leé el artículo si querés viajar es lo mejor.
4. nada es gratis.
5. nada es gratis.

> En el discurso hablado, es frecuente hacer unas pausas necesarias. Por razones anatómicas (capacidad pulmonar), semánticas (sentido) o sintácticas (puntuación), estas pausas permiten que el habla sea más fluida y la comprensión, más fácil. En esta sección practicaremos para aprender a diferenciar en qué momento se debe o no hacer dichas pausas. Acá se marcará con el símbolo # una pausa pedida o sugerida.

3 **ESCUCHA y REPITE:**

En cuanto llegués # leé mi blog. / Leé mi blog en cuanto llegués.
El blog # que es de todos # es de libre acceso. / El blog que es de todos es de libre acceso.

4 **LEE en voz alta haciendo las pausas señaladas. Tú decides la longitud de la pausa según el ritmo y la capacidad de la respiración propias.**

Los ciudadanos digitales # como algunos llaman a los hombres del siglo XXI # han cambiado la capacidad de expresar su opinión # de darla a conocer a otros # y enterarse de la opinión de los demás # y es que # "ser digital" # es una imposición del mundo de hoy # ya que la tecnología y los medios de comunicación # son escenarios importantes para el desarrollo # y la participación de todos # Los avances tecnológicos # y la cobertura alcanzados en estos campos # han transformado la manera como nos relacionamos # pensamos # y armamos nuestras sociedades.

Lo gaucho

En Argentina y parte de los países vecinos existe una cultura llamada *gaucha*. Esta hace referencia a la forma de vivir y de expresarse de un sector rural del país y que desarrolló un estilo y forma de expresión muy definidas a través de la música y la literatura. Sus temas relievan la importancia de la vida rural de llanura, donde la guitarra, el caballo, el mate y la carne son esenciales. Su identidad está dominada por su vestuario que consta de un poncho, un facón (cuchillo de gran tamaño), unos pantalones amplios, un cinturón de cuero (a veces adornado con monedas) y un sombrero.

Argentinismos

Cuando vayas a Argentina (y a muchos lugares de Uruguay), vas a notar el uso común de la palabra *Che*, la cual se usa para llamar a alguien: *Che, ¿vos sabés dónde está el Bar Escocia?* También se usa para reemplazar el nombre del interlocutor (con quien se habla) "Qué querés, che?" El uso de "che" se da en un ambiente informal exclusivamente y es tan generalizado que en Chile lo usan para referirse en general a cualquier argentino: "estos ches son muy fanáticos del fútbol".

Pibe es otro argentinismo muy popular y aunque inicialmente se refería a un niño, se extendió su uso y también se usa para referirse a una persona joven: "conocí un pibe re buena onda".

Igualmente notarás el uso de "vos" en vez de "tú" para referirse de manera informal a la persona con quien se habla. "¿Vos sos de dónde?", "Este mensaje es para vos", etc.

Maravillas culturales de Argentina

Letras argentinas

Argentina cuenta con excelentes escritores como:

Jorge Luis Borges (1899 - 1986)
Es una de las figuras más reconocidas en la literatura en español. Autor de una prolífica obra, especialmente de narraciones, poesías y ensayos.
© Agencia EFE

Julio Cortázar (1914-1984)
Intelectual y autor de novelas y cuentos experimentales, fue el escritor que desató el llamado "Boom latinoamericano" con su novela *Rayuela*.
© Agencia EFE

Ernesto Sábato (1911 - 2011)
Físico y escritor, de corte existencialista, muy famoso sobre todo por su novela corta *El túnel*.
© Agencia EFE

Manuel Puig (1932 - 1990)
Guionista y escritor, autor de la famosa novela *El beso de la mujer araña*.
© Agencia EFE

Aparte del tango, que sin duda alguna le da una importante proyección mundial a la Argentina, existen otros rasgos importantes de la cultura de ese país:

Su comida: La gastronomía argentina es riquísima en carnes y vinos. Ambos son apreciados mundialmente. Son muy famosos los asados y, en particular, los churrascos. A la hora de los postres, cabe destacar el alfajor y el dulce de leche, dos productos muy populares en Argentina.

El fútbol: En Argentina, como en muchos otros países latinoamericanos, el balompié es toda una pasión. El país se enorgullece de sus dos campeonatos mundiales (1978 y 1986), de dos subcampeonatos y de contar con figuras como Maradona, Messi, Batistuta y Crespo, entre otros.

Las Madres de la Plaza de Mayo son un símbolo de la lucha por los derechos humanos en Sudamérica. Se trata de un grupo de madres y abuelas de desaparecidos durante la llamada Guerra sucia (entre 1976 y 1983); y otras simpatizantes de su causa se han unido a ellas.

© Agencia EFE

Practiquemos

29 COMPLETA:
1. La obra *El túnel* fue escrita por _____.
2. Las _____ y los _____ son el símbolo de la gastronomía argentina.
3. _____ son conocidas en el mundo como un símbolo de la lucha por los derechos humanos.
4. Argentina ha ganado _____ veces el campeonato mundial de fútbol.
5. Un personaje característico de la vida rural de Argentina es _____.
6. Argentina tiene uno de los autores literarios más importantes del idioma español. Su nombre es _____.
7. El autor de *Rayuela* es _____.
8. El _____ es un delicioso postre argentino.

30 UNE la expresión de la izquierda con su significado a la derecha:
1. Che   **a.** niño
2. Vos   **b.** tú
3. Pibe   **c.** oye

Capítulo Preliminar: Preparativos

1. Viajeros 1. b; 2. c; 3. a; 4. b; 5. c; 6. b; 7. c.

2. 1. F; 2. F; 3. V; 4. V; 5. F; 6. F; 7. F. 8. V; 9. F; 10. V; 11. F

3. a. 4; b. 6; c. 1; d. 5; e. 2; f. 3

4. 1. F; 2. V; 3. V; 4. V; 5. F

5. 1. Simón; 2. Baltasar; 3. Magdalena; 4. Alvarado; 5. Carmen

Capítulo 13

1. 1. Escena dos; 2. Escena dos; 3. Escena uno; 4. Escena uno; 5. Escena uno; 6. Escena dos

2. Respuestas libres.

3. Respuestas libres.

4. Respuestas libres.

5. y 6. 1. Verdadero; 2. Falso;

7. 1. Enfermedad; 2. Riesgos; 3. Faceta; 4. Hábitos 5. Entorno; 6. Vínculo

8. 1. Ponga; 2. Conozcas; 3. Tenga; 4. Venga; 5. Oiga 6. Traiga

9 y 10. 1. Real; 2. Real; 3. Imaginario; 4. Imaginario

11. 1. c; 2. d; 3. A; 4. b

12. Respuestas libres.

13. 1. Falso; 2. Falso; 3. Verdadero; 4. Falso; 5. Falso

14. 1. b; 2. b; 3. c; 4. c; 5. c; 6. A

15. Respuestas libres.

16. Respuestas libres.

17. 1. Repitan; 2. Pidamos; 3. Corrijan; 4. Elijas; 5. Impidan

18. Respuestas libres.

19 y 20. 1. fumar, obesidad y el sedentarismo; 2. Sicológicas y biológicas; 3. Siguen fumando; 4. ejercicio y una dieta adecuada

21. 1. a; 2. b; 3. c; 4. a; 5. b; 6. b

22. 1. pienses; 2. sientas; 3. vuelvas; 4. regreses; 5. te cuides; 6. camines 7. puedas

23. Posibles respuestas: 1. Tal vez él esté muy ocupado con los proyectos del trabajo; 2. Quizás te llame más tarde; 3. Ta vez sea mejor que comience una dieta saludable y visite el gimnasio con mayor frecuencia. 4. Quizás Daniela no coma hasta obtener la nota de su examen final.

24. Respuestas libres.

25. Respuestas libres.

26. 1. Efectos secundarios; 2. Pastillas benditas; 3. La alimentación sana y la actividad física; 4. Confiemos.

27. 1. vaya; 2. haya; 3. dé estén; 4. sepa; 5. esté.

28. 1. Mónica; 2. fuerte; 3. provisiones; 4. selva; 5. mal; 6. que; 7. piso

29. 1. Cuatro; 2. Vladimir hace atletismo, Carmen entrena a diario y hace ejercicio y tiene una alimentación sana; 3. jaguar; 4. Una rana muy pequeña de colores.

Pronunciemos

3. 1. Sitúo; 2. Guie; 3. Fio; 4. Graduá; 5. Ley; 6. Crío

4. 1. Cuatro; 2. Cinco; 3. Cuatro; 4. Tres; 5. Cinco; 6. Cuatro; 7. Tres; 8. Tres; 9. Tres; 10. Tres; 11. Tres; 12. Una.

5. 1. Náusea; 2. Héroe; 3. Fría; 4. Prohíbe; 5. Prohibió; 6. Gradúa; 7. Oí; 8. Día; 9. Caía; 10. Reí; 11. Ríe; 12. Situó; 13. País; 14. Paisano.

---

30. 1. a; 2. b; 3. b; 4, b

Capítulo 14

1. 1. Inger; 2. Hedda; 3. Mikkel; 4. Inger; 5.Hedda

2. 1. Falso; 2. Sin información; 3. Sin infor-

mación; 4. Sin información.

3. 1. Ojos; 2. Pierna; 3. Oídos; 4. Pulmones; 5. Huesos

4. 1. c; 2. a; 3. f; 4. e; 5. d; 6. b

5. 1. soy; 2. tengo; 3. Estoy / me siento; 4. Estoy, tengo; 5. es; 6. Estoy / me siento.

6.

7. Posible respuesta:

Doctor: Buenos días.

Paciente: Buenos días.

Doctor: Dígame qué siente.

Paciente: Tengo dolor de cabeza y fiebre.

Doctor: ¿Y también ha tenido mareos?

Paciente: Sí doctor. Ayer tuve mareos.

Doctor: Le recomiendo que se tome estas pastillas para la fiebre y es necesario que se haga estos exámenes de laboratorio. Cuando tenga los resultados, vuelve a mi consultorio.

Paciente: Bueno doctor, muchas gracias y hasta pronto.

8.

1. ...le duele la cabeza y la garganta...

2. ...tiene vómito, dolor de estómago..

3. ...tiene picazón e irritación.

4. ...tiene diarrea y vómito.

9. 1. Lina; 2. Lina; 3. Lina; 4. Lina; 5. Lina; 6. Lina; 7. Gloria, Sergio y Lina; 8. Gloria y Sergio; 9. Juan, Sergio.

10. Posibles respuestas. 1. Consultar al

médico: Te recomiendo que consultes al médico; 2. Descansar: Te sugiero que descanses; 3. Darse un baño: Te aconsejo que te des un baño; 4. Quedarse en casa: Te sugiero que te quedes en casa; 5. Tomar una aspirina: Te recomiendo que tomes una aspirina; 6. Consultar al odontólogo: Te aconsejo que consultes al odontólogo.

11. 1. e; 2. c; 3. a; 4. b; 5. d.

12.a. 2. b. Hidrata tu cuerpo; 4. c. Come sano; 5. d. Haz ejercicio

12.b. 1. c; 2. b; 3.e; 4.d

12.c. a. El artículo nos recomienda que tomemos mucha agua; que disminuyamos las harinas; que comamos ensalada; que aumentemos el consumo de pro bióticos; que realicemos actividad física; que compremos productos integrales; que incluyamos frutas en el desayuno; etc. b. Respuestas varias.

13. 1, 2, 4 y 7.

14. Recomienda que nos quedemos en casa; que consumamos muchos líquidos; que evitemos las corrientes frías; que nos alimentemos bien; que consultemos al médico cuando haya señales de alarma.

15. Respuestas libres.

16. a. Informal

16. b. 1. Compra; 2. Hidrata; 3. Prefiere; 4. Come; 5. Haz.

17. 1. d; 2. e; 3. f; 4. b; 5. a; 6. c.

18. 1. No fumes, no comas, no consumas bebidas; 2. No guardes comida caliente; 3. No abuses de la sal ni de las grasas; 4. No descuides la presión arterial, no te automediques, no abuses de los analgésicos.

19. 1. 4; 2. 2; 3. 1; 4. 3.

20.7; 1; 4; 5; 6; 2; 3.

21. 1. Activar la respiración, la circulación sanguínea y la energía corporal.

21. 2. A través de ejercicios físicos de estiramiento y respiración.

21. 3. Respuesta libre.

21. 4. Respuesta libre.

22. 1. Sobre una jornada o festival de la salud.

22. 2. A un público joven y adulto.

22. 3. En una institución educativa.

22. 4. En la Plazoleta del estudiante de una universidad.

22. 5. Del 26 al 28 de febrero.

22. 6. a. b. c. d. e.

22. 7. Respuesta libre.

23. Posibles respuestas:

23. 1 Tómate un jarabe.

23. 2 Relájate y descansa un poco.

23. 3 Acuéstate un rato y descansa.

23. 4 Hazte un masaje.

23. 5 Date una ducha tibia.

24.1. Ponlas sobre la mesa.

24.2. Tómatelas tres veces al día.

24.3. Entrégaselos al Señor López.

24.4. Dele este jarabe.

25. 1. Permítame; 2. Pase; 3. siéntese; 4. Siga; 5. Cuénteme; 6. consuma; 7. tome; 8. tómese; 9. aplíquese

26.1. 1, 2, 4 5, 7.

26.2. 1.c; 2.e; 3.a; 4.b; 5.d.

27. 1. más cercano; 2. pocos años; 3. las inyecciones; 4. llegan al / embarcación; 5. el hospital.

28. 1. Se siente mareado, le duele el tobillo, está sangrando por la nariz; 2. Sus signos vitales; 3. Ángel; 4. Más tranquila / confiada.

Pronunciemos.

3. 1. Acción; 2. Aptitud; 3. Cansado; 4. Laxo; 5. Hato; 6. Rapto; 7. Alto; 8. Estigma; 9. Ignorar.

4. 1. Se aceptan textos de acción o ficción escritos a dos columnas.; 2. Sin excusa alguna, optó por raptar el objeto óptico del submarino.; 3. El doctor da un diagnóstico prácticamente dogmático.; 4. Con una laxa actitud y en extrañas circunstancias el alumno ignoró al profesor.

29. 1. Aproximadamente el 60% de sus habitantes; 2. Tiene la ciudad capital más alta del mundo, los lugares más calientes y más fríos, los más secos, húmedos y ricos; 3. Viajeros, interesados en culturas indígenas; 4. Infusión de hierbas; 5. Bolivia y Argentina (Brasil no es hispano).

Capítulo 15

1. Escena uno = 2; escena dos = 3; escena tres = 2.

2. Shakira, Juanes, Alejandro Sanz, Ricky Martin, Penélope Cruz.

3. Respuestas libres.

4. LEE

5. Respuestas libres

6. Respuestas libres

7. LEE

8. a. 2 Después de algunas semanas; b. 5 Hablar del "futuro del pasado".

9. Regular: Aparecerían; Resonarían; Permitiría. **Irregular:** Tendría

10.

Verbo	Infinitivo	Condicional
Fuimos	Ir	Iríamos
Estudiaba	Estudiar	Estudiaría
Usaba	Usar	Usaría
Detuvimos	Detener	Detendríamos
Pensé	Pensar	Pensaría
Acababa	Acabar	Acabaría
Debían	Deber	Deberían
Cruzan	Cruzar	Cruzarían
Conducen	Conducir	Conduciría
Perteneció	Pertenecer	Pertenecía
Hacían	Hacer	Harían
Era	Ser	Sería
Tenía	Tener	Tendría
Iba	Ir	Iría
Comercializaba	Comercializar	Comercializaría
Estaba	Estar	Estaría
Dejó	Dejar	Dejaría
Colgada	Colgar	Colgaría
Coloreadas	Colorear	Colorearía
Fueron	Ser	Serían

11. 1. d. Tú serías excelente en obras dramáticas.; 2. a. Ella me dijo que asistiría.; 3. b. ¿Por qué no vendrían? ¿Tendrían algún problema?; 4. e. Yo en tu lugar, iría.; 5. c. ¿Te gustaría acompañarme?

12. a. Futuro del pasado; b. Hipótesis sobre el pasado; c. Expresar cortesía; d. Acción posible o probable; e. Dar consejo.

13. Posibles respuestas: 1. Escribiría sobre la violencia en el mundo.; 2. Interpretaría canciones románticas.; 3. Me convertiría en Supermán para salvar el mundo del mal.; 4. Sería la misma persona que soy ahora.

14. Respuestas libres.

15. LEE

16. Posibles repuestas: 1. Probablemente vaya porque mi hermano me encanta el grupo y mi hermano me va a comprar la boleta.; 2. Es posible que vaya mucha gente porque hay mucha publicidad y es un grupo muy reconocido.; 3. No. no creo que llueva. Es muy probable que haya buen tiempo.; 4. Claro que iré. Estoy feliz por el concierto y aunque llueva me iré.; 5. Sí. Es muy probable que lo compre porque me gusta mucho la música y estará rebajado en el concierto.

17. (Posibles repuestas): 1.Sí, es una banda chilena de música rock. A mí me encanta el rock en español; 2. (1) Gabriela Mistral (chilena, 19454); (2) Miguel Ángel Asturias (guatemalteco, 1967); (3) Pablo Neruda, galardonado (chileno 1971); (4) Octavio Paz, (mexicano, 1990); (5) Gabriel García Márquez (colombiano, 1982); (6) Mario Vargas Llosa, (peruano, 2010); 3. Alejandro González Iñárritu es mexicano; 4: repuestas varias.

18. 1. sea; 2. se ve; 3. está; 4. haya; 5. haga; 6. está; 7.deja; 8. trate

19. Respuestas libres.

20. LEE

21. (Posibles respuestas) Pienso que el innovador sí debe prepararse para hacerlo y entrenarse.; No pienso que un innovador tenga que carecer de la experiencia previa o de resultados anteriores.; A veces la experiencia puede servir para innovar.; No considero que un hombre débil o temeroso pueda ser capaz de innovar.; Estoy de acuerdo con que no todo lo que aparece como innovación lo sea realmente.

22. 1. a; 2. a; 3. b; 4. a; 5. b.

23. 1. Brindis; 2. Paréntesis

24. Repuestas libres

25. LEE

26. Repuestas libres

27. a. "Me gusta cuando callas porque estás como ausente".; b. "Cuando te vayas llevaré dentro de mí tu figura".; c."Cuando me enamoro yo le doy al vida a quien se enamora de mí".; d. "Cuando lejos te encuentres de mí, cuando quieras que esté yo contigo, no hallarás un recuerdo de mí. . .".; e. "Piensa en mí, cuando sufras. Cuando llores también piensa en mí".; f. "Cuando estoy contigo, no sé qué es más bello: si el color del cielo o el de tu cabello".; g. "Cuando tú no estás, me falta el aire para respirar".

28. a. Refrán: nunca, Cuándo: futuro; b. Refrán: hay que estar preparado cuando hay señales cercanas, Cuándo: futuro; c. a. Refrán: hay algo de verdad en los rumores, Cuándo: hábito; d. Refrán: es inevitable resultar implicado en situaciones comunes, Cuándo: hábito; e. Refrán: describe una situación inesperada, Cuándo: hábito; f. Refrán: valorar el amor sobre la belleza, Cuándo: futuro.

29. Repuestas libres

30. Repuestas libres

31. a. 1. Hablemos; 2. Presentemos; 3. demos; 4. tengamos; 5. Llame; 6. pregunte; 7. es; 8. sepas; 9. prepares; 10. necesita; 11. pueda; 12. Programen; 13. proponemos; 14. sugiramos; 15. elija; 16. vaya.

31. b. Adverbiales con Cuando: cuando nos llame y nos pregunte; cuando; con Para que: para que (1. nosotros/hablar) hablemos de la obra que Diego.

32. 1. a. más de 40 años; 2. c. artistas de todo el mundo; 3. b. a comienzos del año; 4. a. Festival de Viña del Mar.

33. 8, 5, 2, 1, 6, 3, 4, 7

34. 1. Mónica no quiere entregarle a David su GPS.; 2. David desconfía de empresas internacionales.; 3. Ramón se muestra impaciente por ver los resultados de las de los OVMs.; 4. Mónica no considera que David sea un peligro para sus planes.; 5. El pescado de la cena es del Perú.

Pronunciemos

2. 1. Carro; 2. Parra; 3. Poro; 4. Coro; 5. Amarra; 6. Querría.

---

35. 1. Isabel Allende; 2. José Donoso; 3. Pablo Neruda; 4. Gabriela Mistral

36. 1. c; 2. a; 3. d; 4. e; 5. b.

Capítulo 16

1. 1. a; 2. c; 3. a; 4. c.

2. 1. La abuela de Inger debe viajar de Bergen a Chile para que certifique que Don Máximo Quesada es el tatarabuelo de Inger y que ella sí es la Lía de la que habla la carta; 2. Porque el gobierno chileno exige un especial cuidado con todos los hallazgos que puedan tener un valor histórico especial. 3. Significa: no es de tu responsabilidad.

3. Respuestas libres

4. 1. B; 2. D; 3. E; 4. A; 5. C

5. Respuestas libres.

6. 125.000 años; 2. El contacto cultural con europeos y africanos; 3. Fue una confusión: los europeos creyeron que habían llegado a la India. 4. Amerindios e indígenas; 5. Una universidad o programa radial o de televisión, entre otros.

7. Posibles respuestas: 1. Qué lástima que haya peleado con su padre; 2. Es lamentable que haya empezado a fumar; 3. Siento que haya vendido su piano; 4. Qué pesar que haya comenzado un trabajo en la noche; 5. Es triste que se haya mudado a otra ciudad; 6. Siento que haya iniciado una dieta sin consultar al médico.

8. Respuestas libres

9. 1. Me extraña que no hayas respondido a mi correo; 2. Qué extraño que no me hayan contestado en todo el día; 3. Me parece raro que la empleada de la agencia no me haya llamado todavía para confirmar mi tiquete; 4. Me parece rarísimo que no hayan abierto el banco aún; 5. Qué raro que Antonia se haya comportado de esa manera.

10. 1. b.; 2. b.; 3. c.; 4. a.; 5. b.

11. No creo que haya podido ir; Dudo que haya podido ir; Está convencida de que ha ido;

Es seguro que ha ido; Piensa que ha ido; Quizás ha ido / haya podido ir; Creemos que ha ido

No es cierto que; Es cierto que ha ido.

12. Posibles respuestas: 1. No creo que Sofía haya disfrutado del partido porque ella detesta el fútbol; 2. No creo la menor que Mauricio haya compartido el apartamento. Él es un hombre muy solitario.; 3. Estoy seguro de que Sofía no comió un churrasco argentino porque ella es vegetariana.; 4. No creo que Juan haya chateado con Sonia. Él odia los computadores.; 5. Estoy convencido de que Mario no vio Odisea 2015, porque a él no le gusta la ciencia ficción.

13. 1. a; 2. b; 3. a; 4. c; 5. c; 6. a.

14. Respuestas libres

15. Posibles respuestas: 1. No es posible que hayan encontrado restos humanos tan antiguos; 2. No es posible que exista una pintura real de Da Vinci pintada en el año de 1927.; 3. Es difícil de creer que una mujer holandesa haya tenido 32 hijos.; 4. No creo que Shakespeare haya escrito en español.; 5. Es imposible que un indígena Inca que haya vivido en Machu Picchu esté vivo todavía.; 6. No creo que con la temperatura del Océano ártico un hombre lo haya cruzado nadando.

16. Repuestas libres. Posibles respuestas: 1. No, no creo que lo haya escuchado antes; 2. Sí, es un estilo de canciones de origen chileno; 3. Sí. He escuchado que es una cultura indígena de la Isla de Pascua. 4. Sí. He leído La casa de los espíritus y Paula.

17. 1. Salieron, saliéramos; 2. Pusieron, pusiera; 3. Estuvieron, estuviera; 4. Anduvieron, anduviéramos; 5. Hicieron, hicieran; 6. Dijeron, dijéramos; 7. Tuvieron, tuviéramos; 8. Sonrieron, sonriéramos.

18. 1. me fuera bien; 2. aprendiera mucho; 3. hiciera nuevos amigos; 4. fuera buen estudiante; 5. la suerte me acompañara 6. Me fuera bien; 7. no los olvidara; 8. les escribiera 9. conociera muchos lugares interesantes.

19. 1. tomara; 2. bajara, 3. llegara, 4. caminara, 5. visitara, 6. fuera, 7. volviera, 8. anduviéramos, 9. pusiéramos, 10. Fuéramos.

20. 1. reservaran, 2. tuviera, 3. fuera, 4. ofreciera, 5. confirmaran.

21. 1. Ojalá pudiera comprarlo; 2. Ojalá tuviera menos trabajo; 3. Ojalá viviera allí; 4. Ojalá mi hija fuera buena estudiante; 5. Ojalá tuviera tiempo y plata; 6. Ojalá fuera más joven; 7. Ojalá tuviera dinero para ir a la obra; 8. Ojalá conociera a hablantes del quechua.

22. Posibles respuestas: 1. Ojalá que en el mundo no hubiera pobreza; 2. Ojalá que todos los niños del planeta tuvieran un futuro próspero; 3. Ojalá que todos los seres humanos amaran la naturaleza; 4. Ojalá que todos los millonarios de la tierra compartieran su dinero; 4. Ojalá que las guerras no existieran.

23. 1. Fuera; 2. Dijera; 3. Estuviera; 4. Trabajara; 5. Estuviera.

24. LEE

25. 1. Libro sagrado de los Mayas; 2. complejo sistema de nudos para grabar o registrar cifras en la cultura inca; 3. Alrededor de cuatro siglos; 4. palacios, templos, obras hidráulicas, redes de caminos; 5. centro-sureste de México, y la zona norte de Centroamérica; 6. centro de una isla, en donde hoy está el centro de Ciudad de México; 7. El cultivo del maíz, el trueque y obras arquitectónicas avanzadas; 8. Respuesta libre.

26. 1. 5; 2. 4; 3. 6; 4. 2; 5. 3; 6. 1.

27. 1. Tahínos; 2. Caribes; 3. Muiscas.

28. 1. De su similitud con Venecia (Italia); 2. Agrícola.

29. 1. Jacinto; 2. Carmen; 3. Abuelo de Jacinto; 4. Emberá Katío; 5. David

30. 1. En la cultura Emberá Katío, dios, creador de la tierra; 2. Muy positiva; 3. Caragabi soñó que el agua se encontraba en un árbol, por lo tanto decidió derribarlo y llamó a varios hombres. Empezaron a talar y talar hasta la noche., pero al otro día el árbol estaba intacto. Así que empezaron a talar hasta que este se derrumbó totalmente y salió un río de agua; 4. Es la esencia de los seres y las cosas.

Pronunciemos

2. 1. El; 2. El; 3. La; 4. La; 5. El.

3. 1.Puede ser en plata u oro, no tengo preferencia.; 2. ¿Este u oeste?; 3. ¿Frutas u hortalizas?; 4. ¿Argentina o Uruguay?; 5. ¿Guatemala u Honduras?; 6. ¿Ayer u hoy?; 7. ¿Mujer u hombre?; 8. ¿Olmecas u zapotecas?

4. 1. ¡Interesante e increíble!; 2. Mayas e Incas; 3. La escuché e hice lo que me dijo; 4. Geografía e Historia; 5. Hispanoamérica y España; 6. Perdió su riqueza e imperio.

5. 1. Madre e hija se marcharon con rumbo desconocido; 2. Esperaba que vinieran e invitaran; 3. ¡Sería mejor que liberaran el águila de una buena vez!; 4. Toda la América antigua estaba llena de interesantes culturas.

31. 1. Denominaciones; 2. Pueblo aborigen; 3. Enigmáticas; 4. Navegante; 5. Leyenda; 6. Ancestros; 7. Restaurados.

32. 1. Quince regiones; 2. En 1977; 3. (Respuestas libres)

Capítulo 17

1. 1. 1; 2. 2; 3. 2; 4. 3;

2. 1. educación virtual; 2. No; 3. entrevistar a alguien; 4. Hedda; 5. wiki

3. Posibles respuestas: 1. Era increíble pensar que un televisor tuviera colores; era impensable que una cámara no necesitara un rollo; 3. Era imposible pensar que un computador cupiera en una bolsa (o bolso).

4. 1. f; 2. h; 3. i; 4. j; 5. d; 6. c; 7. e; 8. b; 9. a; 10. g.

5. 1. Él tira del cordón; 2. Llueve; 3. No puedo quedarme; 4. No nos ayudan; 5. Ella sabe de informática; 6. Dudas; 7. No sé el número; 8. Saben cantar.

6. posibles respuestas: 1. Me compraría un Ferrari, solo si ganara mucho dinero; 2. Me desnudaría en público, solo si me lo pidieran; 3. Yo nadaría en el Río Amazonas, solo si me

pagaran un millón de dólares, 4. Yo tendría una docena de hijos, solo si fuera millonario; 5. Yo escalaría el monte Everest, solo si entrenara por un año; 6. Mis padres me darían un millón de dólares, solo si fuera yo su único hijo; 7. Me tiraría en un paracaídas, solo si el avión estuviera fallando; 8. Me raparía la cabeza, solo si tuviera una enfermedad en la piel de la cabeza.

7. Respuestas libres.

8. 1. quieres; 2. estarías; 3. fuera; 4. daña; 5. puede; 6. sería; 7. funcionaría.

9. 1. hay; 2. esté; 3. estudiaron; 4. madrugues; 5. ganaron; 6. sean;

10. 1. no porque; 2. Ya que; 3. por culpa de; 4. Debido a; 5. Porque.

11. LEE

12. 1.2 ; 2. 3; 3. 4; 4. 1.

13. Texto 1: a. sencilla; b. desarrollo; c. dar a conocer. Texto 2: a. rapidez; b. Reducir; c. Incrementar. Texto 3: a. impensable; b. permitir; c. palma de la mano.

14. a. 1. V; 2. F; 3. V; 4. V; 5. F.

14.b. a. Gracias a que su libro fue reconocido, Luisa fue invitada a la conferencia; b. El avión tuvo que aterrizar en Rosario porque había una tormenta en Buenos Aires; c. puesto que íbamos con suficiente tiempo, estábamos tranquilas; d. No porque Luisa no estaba preparada, sino porque hubo una tormenta, tuvieron que cancelar la conferencia.

15. con el fin de, para, para, con el objeto de que, para que.

16. 1. c; 2. d; 3. a; 4. b.

17. 1. entregaran; 2. insulte; 3. arreglar; 4. busquemos; 5. oigan; 6. encontrar; 7. Digas.

18. Posibles respuestas: 1. Iremos a Valparaíso para participar en una conferencia; 2. Tenemos que escribir al periódico con la intención de denunciar una situación; 3. Con el propósito de alcanzar los objetivos propuestos, hemos diseñado un plan diferente y más actualizado; 4. Fuimos al banco a que nos entregaran las nuevas tarjetas inteligentes; 5. Con vistas a que mejoren las relaciones en la empresa, haremos una jornada de integración.

19. Posibles respuestas: Presente 1. Espera en la sala de reuniones a fin de que puedas hablar con el asesor de ventas de automóviles; 2. Prende la televisión para que veas y escuches al nuevo presidente.

Pretérito: 1. Con la intención de que nos enseñaran a manejar la nueva cámara, concertamos una cita con el experto; 2. Mi hermano viajó por varias ciudades con el fin de que le mostraran el nuevo computador.

Futuro: 1. Comparé ese celular para que podamos tomar las fotos y chatear; 2. El candidato estará en el programa de radio con el propósito de informar sobre su campaña.

20. 1. haya escrito; 2. traduzca; 3. funcione; 4. hable; 5. haya exigido; 6. haya ganado; 7. valga; 8. viviera; 9. tenga; 10. haya viajado

21. LEE

22. 1. No es verdad que Alexander Graham Bell no haya podido patentar el teléfono; 2. No es cierto que John Logie Baird haya creado un televisor que funcionara electrónicamente; 3. No es cierto que el "teletrófono" operara con ondas de radio; 4. No es verdad que Marconi haya inventado un aparato que transmitiera la voz.

23. 1. No existía ningún teléfono que reprodujera música o videos; 2. No existía ningún teléfono que hiciera cálculos; 3. No existía ningún teléfono que tuviera juegos electrónicos; 4. No había ningún teléfono que tuviera calendario; 5. No había ningún teléfono que recordara citas; 6. No había teléfonos que permitieran acceso a Internet; 7. No existían teléfonos que tuvieran GPS; 8. No existía ningún teléfono que transmitiera datos; 9. No había teléfonos que enviaran mensajes.

24. Respuestas libres.

25. Posibles respuestas: 1. En los ochentas, no había reproductores de música que fueran digitales; etc.

26. 1.Pilar; 2. Pilar; 3. Pilar; 4.simón, Pilar.

27. 1. Para secarlos; 2. Porque espera que los aparatos funcionen, ya que hay avances tecnológicos para los que trabajan en esos climas; 3. Porque logró que su portátil funcionara; 4. Caminar un poco y no trabajar mucho.

28. 1. b; 2. b; 3. b; 4. b; 5. b.

29. 1. F; 2. V; 3. F.

30. 1. c; 2. b; 3. a.

Capítulo 18

1. 1. V; 2. V; 3. V; 4. NI; 5. F.

2. 1. Porque sentía que le gustaba; 2. Porque no quiere un amor en la distancia.

3. Respuesta libre.

4. Respuesta libre.

5. Respuesta libre.

6. Respuesta libre.

7. 1. f; 2. e; 3. g; 4. h; 5. d; 6. b; 7. a; 8. c.

8. 1. c; 2. f; 3. a; 4. g; 5. d.

9. 1. El chico que conocí por Internet tiene un blog sobre Cibernética; 1. El twitter que te leí ayer fue escrito por el expresidente; 3. Ojalá que el bar a donde vamos a ir tenga Wifi; 4. La amiga, cuyo hijo es muy bueno para los computadores, va para Cuba este fin de mes; 5. La amiga con quien estudié en la facultad espera un bebé; 6. El curso de Tecnologías del que te hablé ayer, termina la semana próxima.

10. 1. Los Moais; 2. Rapa Nui; 3. El ombligo del mundo. Falso o verdadero? 1. F; 2. F; 3. V; 4. F; 5. V.

11. 1. Futura o hipotética; 2. Presente; 3. Pasado; 4. Hipotética.

12. 1. salga; 2. llamaré; 3. llegue; 4. daré; 5. obtenga; 6. usaré; 7. esté; 8. Encenderé; 9. sea; 10. iré; 11. seré.

13. 1. g; 2. h; 3. f; 4. a; 5. b; 6. c; 7. d; 8. e.

14. 1. Antes de; 2. Al; 3. mientras; 4. Antes de que; 5. Cuando; 6. hasta que; 7. Cada vez que; 8. Después de.

15. 1. c; 2. c; 3. a; 4. c; 5. b.

16. 1. Pese a; 2. Por muy difícil que; 3. Aunque; 4. Aun; 5. A pesar de que.

17. Respuesta libre.

18. Respuesta libre.

19. Posibles respuestas. 1. Desventajas del periódico virtual: no toda la gente tiene acceso ni afinidad con la tecnología, se pierde la relación sensorial de olor, textura, promueve la producción de basura tecnológica, etc. 2. Desventajas del periódico impreso: poco ecológico, pierde posibilidad de actualización constante, etc.

20. Respuesta libre.

21. LEE

22. 1. Bitácora personal porque expresa opiniones y experiencias personales; 2. Un viaje por Chile, especialmente de un viaje a la isla de Pascua. Con respecto a ti: respuestas libres.

23. Aunque (concesión); 2. Dado que (causa) 3. Con el fin de que (finalidad) 4. Cada vez (tiempo); 5. dado que (causa); 6. A pesar de que (concesión); 7. Cuando (tiempo); 8. desde entonces (tiempo).

24. 1. b; 2. b; 3. c; 4. c; 5. a; 6. c.

25. Respuesta libre.

26. Respuesta libre.

27. 1. a; 2. f; 3. b; 4. c; 5. g; 6. e; 7. d.

28. 1. b; 2. a; 3. a; 4. b; 5. b; 6. a.

Pronunciemos

1. Estudia el tema nuevo # estará en el examen; 2. Estudia # el tema nuevo estará en el examen; 3. Lee el artículo si quieres viajar # es lo mejor; 4. Nada es gratis #; 5. Nada # es gratis.

29. 1. Ernesto Sábato; 2. carnes, vinos; 3. Las Madres de la Plaza de Mayo; 4. Dos; 5. El gaucho; 6. Jorge Luis Borges; 7. Julio Cortázar; 8. alfajor o el dulce de leche.

30. 1. Che: oye; 2. Vos: tú; 3. Pibe: niño.

Gramática

Esquema gramatical

1 El modo Subjuntivo EXPRESA el mundo de:

- **La duda**
  Dudo que tenga tantos amigos.

- **La subjetividad**
  No creo que sea mi responsabilidad.

- **Lo no conocible**
  No sabía que estuvieras aquí.

- **La negación**
  Es mentira que tú hayas enviado el correo.

- **La acción no realizada**
  Cada vez que vaya a mi ciudad, la visitaré.

- **La emoción**
  ¡Qué bueno que hayas venido!

- **Los sentimientos**
  Me encanta que me llames.

- **Los juicios de valor**
  Me parece raro que te comportes así.

- **Los deseos y la esperanza**
  Ojalá vuelvan pronto.

A. Para expresar el subjuntivo necesitamos:
- Generalmente, un verbo principal que exprese duda, deseo, emoción, posibilidad, etc: Yo **deseo** que trabajes aquí.
- Dos cláusulas diferentes: una principal y otra subordinada: **Dudamos** que **él llegue a tiempo.**
- Una palabra de conexión **"que".**
- Dos sujetos diferentes en las dos cláusulas: **Marta** necesita que **tú** le traigas el dinero.

B. Verbos y expresiones para usar el modo subjuntivo
Como anotamos anteriormente, el modo subjuntivo necesita que el verbo principal exprese deseos, sentimientos, duda, etc. También usamos el subjuntivo con ciertas expresiones que tienen estas connotaciones.

1. Para expresar deseos
Los verbos querer (que), desear (que), apetecer (que), tener ganas (de que), esperar (que)…
¿Te apetece que **salgamos** esta noche?
Deseo que **reduzcas** el estrés.
Quiero que se haga estos exámenes.
Espero que **se le quite** el dolor de cabeza.
Que te **mejores** pronto.
Ojalá **pueda** empezar pronto.

2. Para expresar sentimientos, emociones, gusto y disgusto
Es + sustantivo + que + subjuntivo
Es una lástima que **sigas** *tan enfermo.*
Me parece fantástico que
Me alegra que…, me alegro de que…, me encanta que…, me aburre que…, me pone nervioso que…, me molesta que…, me preocupa que…, estoy contento de que…, me sorprende que…, me gusta que…, me pone de mal humor que…, siento que…, me da igual que…, lamento que…, nos

sorprende que…, odio que…, detesto que… etc.

Qué bueno que…, Qué tristeza que…, qué lástima que…

3. Para expresar opiniones

Es mejor / peor que…; Es importante que…; Es fácil / difícil que…; Es conveniente que…; Es necesario que…

Es bueno / fantástico que…; Es increíble que…;Es malo que…; Es preferible que…; Es raro que…; No me parece que…; No pienso que

4. Para expresar duda o probabilidad

Dudar que…, es posible que…, es probable que…,.es imposible que…, puede (ser) que…, no creer que…, no es seguro que…, es dudoso que…, es incierto que…, no es verdad que…, es mentira que…, Probablemente…, tal vez… quizás…

Quizá(s) / tal vez + subjuntivo expresan duda. Quizá(s) / tal vez + indicativo expresan duda moderada. Ejemplo: quizá llegue el próximo fin de semana. Probablemente necesitemos llamar al médico.

5. Para aconsejar e influir sobre otros

Aconsejar que…, recomendar que…, pedir que…, permitir que…, prohibir que…, ordenar que…, preferir que…, decir que…, mandar que…, sugerir que…

Es aconsejable que…, es importante que…, es preferible que …, es urgente que…,

2 Tiempos del modo subjuntivo

A. Presente del subjuntivo

Usamos el presente de subjuntivo para hablar del presente y del futuro.

- Quiero que **vengas** inmediatamente.
- Cuando **llegue** a mi casa, te llamaré

1. ¿Cómo se forma?

Se toma la primera persona del presente de Indicativo

1. Se suprime "o"

2. Se agregan las siguientes terminaciones

yo tomo/salgo/ (indicativo)		
tom- salg- + terminaciones del subjuntivo		
Verbos terminados en ar **tomar**		Verbos terminados en- **er/-ir** **salir**
Yo	tom-**e**	salg-**a**
Tú/vos	tom-**es/-és**	salg-**as/ás**
Usted él-ella	tom-**e**	salg-**a**
Nosotros	tom-**emos**	salg-**amos**
Vosotros	tom-**éis**	salg-**áis**
Ustedes ellos	tom-**en**	salg-**an**

Gramática

2. Irregularidades vocálicas (I)

• Los verbos que en el presente de indicativo cambian de E a I (repetir a re-pito), en el subjuntivo conservan la misma raíz en todas las personas (Vos sigás, nosotros sigamos, vosotros sigáis). Observa la comparación entre el indicativo presente y el subjuntivo presente:

	Presente de indicativo	Presente de subjuntivo
Yo	sigo	siga
Tú	sigues	sigas
Vos	seguís	sigás
usted, él, ella	sigue	siga
Nosotros	seguimos	sigamos
Vosotros	seguís	
Ustedes	siguen	sigan
ellos, ellas		sigáis
	Otros : pedir, repetir, reír, medir, competir, vestir(se), servir, decir, elegir, corregir, conseguir, impedir, perseguir, derretirse, despedirse	

• Verbos que cambian de **O** a **UE** (poder a puedo) y los que cambian de **E** a **IE** (pensar a pienso).

En estas irregularidades vocálicas existen dos grupos. Un grupo en el que los cambios del presente de indicativo son iguales al presente de subjun-tivo. Observa los verbos del cuadro, en donde los cambios del subjuntivo son iguales al indicativo.

	Indicativo Poder:	Subjuntivo Poder: pued	Indicativo Pensar:	Subjuntivo Pensar: piens
Yo	Puedo	Pueda	Pienso	Piense
Tú	Puedes	Puedas	Piensas	Pienses
Vos	Podés	Podás	Pensás	Pensés
usted,	Puede	Pueda	Piensa	Piense
él, ella	Puede	Pueda	Piensa	Piense
Nosotros	Podemos	Podamos	pensamos	pensemos
Vosotros	Podéis	Podáis	pensáis	penséis
Ustedes	Pueden	Puedan	piensan	piensen
ellos, ellas	Pueden	Puedan	piensan	piensen
		Otros verbos: contar, volver, almorzar, volar Recordar, acordarse ***llover***		Otros verbos: comenzar, empezar, recomendar, querer, perder

Sin embargo, hay un grupo de verbos que cambian también en vos, nosotros y vosotros, en forma diferente al indicativo (dormir, sentir)

	Indicativo	Subjuntivo	Indicativo	Subjuntivo
	Dormir:	**duerma**	**Sentir:**	**Sentir: sient**
Yo	Duermo	duermas	Siento	Sienta
Tú	duermes	duermas	Sientes	Sientas
Vos	dormís	durmás	Sentís	Sintás
usted,	Duerme	duerma	Siente	Sienta
él, ella	Duerme	duerma	Siente	Sienta
Nosotros	dormimos	durmamos	Sentimos	Sintamos
Vosotros	Dormís	durmáis	Sentís	Sintáis
Ustedes	duermen	duerman	Sienten	Sientan
ellos, ellas	duermen	duerman	sienten	sientan
		Otros verbos: morir		Otros verbos: Mentir, convertir, divertirse, preferir, sugerir

3. Irregularidades consonánticas

Las irregularidades consonánticas son las mismas del presente de indicativo; pero se hacen los cambios en todas las personas.
• Verbos terminados en CER cambian a **Z**

	Indicativo	Subjuntivo
Pronombre	**permanecer**	**permanecer**
Yo	permanezco	Permane**zc**a
Tú	permaneces	Permane**zc**as
Vos	Permaneces	Permane**zc**ás
Usted	Permanecés	Permane**zc**a
Él, ella	Permanece	Permane**zc**a
Nosotros	Permanecemos	Permane**zc**amos
Vosotros	Permanecéis	Permane**zc**áis
Ustedes	Permanecen	Permane**zc**an
Ellos, ellas	Permanecen	Permane**zc**an
		Otros verbos: Conocer, Vencer, Obedecer, Crecer, convencer, carecer

Gramática

- Verbos terminados en –GER, -GIR cambian a J

Pronombre	Indicativo	Subjuntivo
	dirigir	**dirigir**
Yo	Dirijo	Dirija
Tú	Diriges	Dirijas
Vos	Dirigís	Dirijás
Usted	Dirige	Dirija
Él, ella	Dirige	Dirija
Nosotros	Dirigimos	Dirijamos
Vosotros	Dirigís	Dirijáis
Ustedes	Dirigen	Dirijan
Ellos, ellas	Dirigen	Dirijan
		Otros verbos:
		Coger surgir
		Elegir urgir
		Exigir corregir
		Recoger proteger
		Regir fingir

- Verbos terminados en GUIR cambian a G

Pronombre	Indicativo	Subjuntivo
	seguir	**seguir**
Yo	sigo	Siga
Tú	Sigues	Sigas
Vos	Seguís	Sigás
Usted	Sigue	Siga
Él, ella	Sigue	Siga
Nosotros	Seguimos	Sigamos
Vosotros	Seguís	Sigáis
Ustedes	Siguen	Sigan
Ellos, ellas	siguen	sigan
		Otros verbos:
		Conseguir
		Distinguir
		Perseguir
		Conseguir

4. Cambios ortográficos

- Verbos terminados en -car : **c > qu** BUSCAR   yo busque, tú busques, etc. **(acercar)**
- Verbos terminados en -guar: **u > ü** AVERIGUAR   yo averigüe, tú averigües, etc. **(atestiguar)**
- Verbos terminados en - gar : **g > gu** PAGAR   yo pague, tú pagues, etc. **(llegar)**
- Verbos terminados en - zar : **z > c**   LANZAR   yo lance, tú lances, etc. **(avanzar)**

5. Verbos totalmente irregulares

Estos verbos no cumplen la regla de la formación del presente de subjuntivo partiendo del presente de indicativo

	Ser	Estar	Haber	Ver	Ir	Dar	Saber
Yo	se**a**	Est**é**	hay**a**	ve**a**	vay**a**	d**é**	sep**a**
Tú	se**as**	Est**és**	hay**as**	ve**as**	vay**as**	d**es**	sep**as**
Vos	se**ás**	Est**és**	hay**ás**	ve**ás**	vay**ás**	d**es**	sep**ás**
Usted	sea	Est**é**	hay**a**	ve**a**	vay**a**	dé	sep**a**
Él, ella	sea	Est**é**	hay**a**	ve**a**	vay**a**	dé	sep**a**
Nosotros	se**amos**	est**emos**	hay**amos**	ve**amos**	vay**amos**	d**emos**	sep**amos**
Vosotros	se**áis**	Est**éis**	hay**áis**	ve**áis**	vay**áis**	d**eis**	sep**áis**
Ustedes	se**an**	Est**én**	hay**an**	ve**an**	vay**an**	d**en**	sep**an**
Ellos, ellas	se**an**	est**én**	hay**an**	ve**an**	vay**an**	d**en**	sep**an**

B. Pretérito perfecto compuesto del subjuntivo

Con el pretérito perfecto compuesto del subjuntivo expresamos emociones, dudas, sentimientos, deseos, etc. *frente a hechos ya sucedidos*: **Dudo** que **Mario haya llegado**

¿Cómo se forma?

Se forma con el presente del subjuntivo del verbo **haber** y el **participio pasado** del verbo principal:

Expresiones y verbos en Presente de Indicativo	Pronombres	Presente Subjuntivo HABER	Participio pasado (regulares e irregulares)
¡Qué bueno que	yo	**haya**	**hablado** con mi madre!
Me alegro de que	tú	**hayas**	**conocido** a Lucas.
Siento que		**hayás**	**vivido** esa experiencia.
			escrito esa nota.
Es increíble que	usted	**haya**	**visto** algo desde allá.
No creo que	él / ella	**haya**	
Es lamentable que	nosotros (as)	**hayamos**	**vuelto** sin el equipaje.
¡Qué tristeza que	vosotros (as)	**hayáis**	**dicho** esa mentira!
No puedo creer que	ustedes	**hayan**	**hecho** eso sin mí.
Dudo	ellos / ellas	**hayan**	**logrado** entrar al programa.

Gramática

Es importante resaltar que el verbo de la cláusula principal se expresa en presente del indicativo y **la cláusula subordinada en pretérito perfecto del subjuntivo.**

C. Pretérito imperfecto del subjuntivo

1. ¿Cómo se forma?

El pretérito imperfecto del subjuntivo en español tiene una forma muy regular:

• Parte de la 3ª. persona plural del **pretérito** perfecto simple de indicativo: ellos estuvieron, **ellos** pudieron, ellos hicieron, etc.

• Se conserva la raíz y se cambia la terminación del indicativo -**ron** por: **-ra, -ras, -ra, -ramos, -rais, -ran.**

	Heredar (Ellos heredaron)	Poder (Ellos pudieron)	Ir (Ellos fueron)
Yo	hereda**ra / se**	pudie**ra / se**	fue**ra / se**
Tú	hereda**ras / ses**	pudie**ras / ses**	fue**ras / ses**
Vos	hereda**ras / ses**	pudie**ras / ses**	fue**ras / ses**
Usted	hereda**ra / se**	pudie**ra / se**	fue**ra / se**
Él /ella	hereda**ra / se**	pudie**ra / se**	fue**ran / se**
Nosotros(as)	heredá**ramos / semos**	pudié**ramos / semos**	fué**ramos / semos**
Vosotros(as)	hereda**rais / seis**	pudie**rais / seis**	fue**rais / seis**
Ustedes	hereda**ran / sen**	pudie**ran / sen**	fue**ran / sen**
Ellos /ellas	hereda**ran / sen**	pudie**ran / sen**	fue**ran / sen**

Nota: la forma para "nosotros, siempre lleva tilde: compráramos, sintiéramos, aprendiéramos.

A pesar de que la terminación con –**ra** es la más usada en el mundo hispánico, también existe la forma se, muy usada en España: (yo hablase, *tú hablases, usted hablase, él hablase, nosotros habásemos, vosotros hablaseis, ustedes hablasen, ellos hablasen)*.

Se cambia la sílaba -*ra* por –*se*: heredase, heredases, heredase, heredases, heredase, heredá*semos*, hereda*sen*, hereda*seis*, hereda*sen*

2. Usos del pretérito Imperfecto del subjuntivo:

Con el pretérito imperfecto de subjuntivo, podemos expresar una acción presente, pasada o también futura. Es importante la intención del hablante.

(Presente) Me gustaría que **estudiaras** conmigo hasta las 8:00.
(Pasado) Cuando vivió con nosotros, a ella no le gustaba que cocináramos en la noche.
(Futuro) Me dijeron que **volviera** dentro de un mes.

• Cuando expresamos acciones pasadas mediante verbos de deseo, duda, sentimientos, gusto, consejos e influencia, usamos el Pretérito imperfecto de subjuntivo en la cláusula subordinada.

Le ordené que se pusiera la corbata.
Dudaba que ellos llegaran temprano.
Deseaba que se graduara de Medicina.

- Para expresar deseos podemos usar estas expresiones:
  ¡Ojalá viniera esta noche!
  Qué bueno que me ganara la beca.
  Qué fantástico que resolvieras esa situación.

- Para hacer peticiones, o consejos formales con expresiones en condicio
  nal: Es un uso de cortesía. Me gustaría que…, le agradecería que…, sería
  conveniente que…, Le pediría que…
  Ejemplos: Me gustaría que la reunión fuera más temprano
  Le pediría que me llevara a conocer Torres del Paine.
  Sería conveniente que estuviéramos allá desde el lunes.

- Otro uso del Pretérito Imperfecto del subjuntivo es para formar oracio
  nes de comparación hipotéticas con la expresión como si + imperfecto
  subjuntivo…
  Ejemplo: Tu madre me trata como si fuera su hija.
  Habla tan correctamente el español como si fuera nativo.

- Además, usamos el imperfecto de subjuntivo para transmitir información
  de otros.
  El jefe nos dijo que llegáramos temprano.
  Me pidió que le recordara la reunión.
  Le dijo que fuera más puntual.

Contraste entre el Modo Indicativo y el Modo Subjuntivo

Modo Indicativo	Modo Subjuntivo
Mundo de la certeza Sonia tiene muchos amigos.	**Mundo de la duda** Dudo que tenga tantos amigos.
La objetividad Creo que es mi responsabilidad	**La subjetividad** No creo que sea mi responsabilidad
Lo conocible Sabía que estabas aquí.	**Lo no conocible** No sabía que estuvieras aquí
La constatación Es verdad que tú enviaste el correo.	**La negación** Es mentira que tú hayas enviado el correo.
La acción realizada o que se realiza habitualmente Cada vez que voy a mi ciudad, la visito.	**La acción no realizada** Cada vez que vaya a mi ciudad, la visitaré.
	La emoción ¡Qué bueno que hayas venido!
	Los sentimientos Me encanta que me llames.
	Los juicios de valor Me parece raro que te comportes así.
	Los deseos y la esperanza Ojalá vuelvan pronto.

Gramática

3 Modo imperativo

Usamos el modo imperativo para expresar mandatos, peticiones, órdenes, consejos, ruegos, instrucciones, permisos e invitaciones. Ejemplo: ¡Salga inmediatamente!.
- Relájate y descansa.
- Introduzca la tarjeta, marque su clave y tome su dinero.
- Entra y comparte nuestra fiesta.

El imperativo hace uso del **Presente de subjuntivo en todas las formas** negativas y en las afirmativas con excepción de **Tú** y **Vosotros.**

A. Imperativo informal (tú)

1. Imperativo informal (tú) AFIRMATIVO

Se forma con la tercera persona singular (él/ella) del **presente de indicativo.** Esta forma solo se usa para las oraciones afirmativas:

Tomar: (él) toma   Toma mucha agua.
Infinitivo   presente indicativo   Imperativo

-ar	-er	-ir
Toma	Come	Pide

Las irregularidades solo existen en esta forma afirmativa.

infinitivo	Imperativo afirmativo	
Tener	Ten	Sostener, mantener, retener, contener, etc.
Venir	Ven	Convenir, prevenir, devenir, etc.
Hacer	Haz	Deshacer, rehacer, etc.
Poner	Pon	Posponer, componer, reponer, anteponer, suponer, etc.
Decir	Di	Contradecir, maldecir, predecir, etc.
Ser	Sé	
Ir	Ve	
Salir	Sal	

Ejemplos:
Di toda la verdad.
Bebe mucha agua.
Ven y **trae las** fotos, por favor.
Sal temprano para que vayamos a cine.

2. Imperativo informal negativo (tú)

-ar	-er	-ir
Tomar	Beber	**Pedir**
No tomes	No beb**as**	**No pid<u>as</u>**
La forma negativa del imperativo con tú usa la segunda persona singular (tú) del presente de subjuntivo.		

Salir: No **salgas** tan tarde.

Venir: No **vengas** a molestarme.

Ir: Por favor, no **vayas.**

Comprar: No **compres** la leche. Nosotros ya la compramos

3. Imperativo formal (usted/ustedes)

Descanse (usted)	aprenda (usted)	asista (usted)
Descansen (ustedes)	aprendan (ustedes)	asistan (ustedes)

Se forma con la tercera persona singular/plural (él/ella/ellos/ellas) del presente de subjuntivo en afirmación y negación.

– *¡**Haga** mucho ejercicio!*   No ***entren*** *los celulares.*

– ***Coma*** *vegetales y frutas.*   No ***salga*** *por la noche.*

Por favor, pasen a mi oficina.   No ***traten*** *mal a los animales*

Vengan temprano para que me ayuden.

No **sea** tan tímido y **pase.**

4. Imperativo de vosotros

Se forma sustituyendo la –r del infinitivo por una –d. No tiene irregularidades.

Pasar	pasad	aprender	aprended	dormir	dormid
Ir	id	hacer	haced	ser	sed

En la forma negativa usamos el **presente de subjuntivo** de vosotros.

No **vengáis** tarde.   No **hagáis** ruido al llegar.   No **compréis** esa casa.

5. Imperativos con pronombres

• En la forma **afirmativa,** los pronombres se colocan detrás del verbo formando una sola palabra

Imperativo de Verbos pronominales	Imperativo + pronombre de objeto directo	Imperativo + pronombre de objeto indirecto	Imperativo + pronombres de objeto directo e indirecto
levantarse	Vender la casa	contestar a alguien con-	responder la llamada a alguien
levántate	véndela	téstale	respóndesela
levantaos	vendedla	contestadle	respondédsela
levántese	véndala	contéstele	respóndasela
levántense	véndanla	contéstenle	respóndansela
Ponerse	Decir	Decir	Decir
Ponte	Dilo	Diles	Dímelo
poneos	Decidlo	Decidles	Decídmelo
Póngase	Dígalo	Dígales	Dígamelo
pónganse	Díganlo	Díganles	Díganmelo

• Imperativo con pronombres en la **forma negativa**

Cuando expresamos el Imperativo negativo, los pronombres van antes del verbo y separados así: **No me lo diga, no te lo pongas, no se la respondan, no la vendáis, no se levanten, no le contestes.**

Gramática

4 Cláusulas subordinadas adverbiales

Las cláusulas subordinadas adverbiales son las que dependen de una oración principal y no tienen sentido por sí solas. Van unidas a la oración principal por medio de conjunciones de subordinación o por los llamados conectores. Ejemplo: Vino a la oficina *para que le dieran los resultados. (cláusula adverbial de finalidad)*

Según la función que desarrollen, las cláusulas subordinadas adverbiales pueden ser: sustantivas, adjetivas, de causa, de finalidad, de tiempo, de concesión, etc.

A. Cláusulas adverbiales de causa

Las cláusulas subordinadas expresan la causa de la oración principal y se construyen en *modo indicativo*, a excepción de las que llevan el conector porque en **forma negativa (no porque)**. Ej.: Gloria pudo terminar sus estudios *gracias a que su madre le pagó todos los semestres.*

Estuve en la conferencia *no porque quisiera, sino porque tenía que encontrarme con Pedro.*

Conjunciones o conectores de causa: *porque, no porque ya que, gracias a (que), por culpa de (que), como, causa de (que), por razón de que, puesto que, debido a (que), visto que, dado que*

B. Cláusulas adverbiales de finalidad

Expresan la finalidad o la intención con que se produce la acción de la oración principal. Se construyen con Infinitivo o Subjuntivo.
La Universidad compró el dispositivo *para llevar a cabo una investigación. (mismo sujeto)*
Pondremos la lista de regalos en el almacén *a fin de que los amigos puedan guiarse en la compra. (distinto sujeto)*

Conjunciones o conectores de finalidad:

Infinitivo	Subjuntivo	Ejemplos
A (con verbos de movimiento: venir, ir, salir, entrar, llegar)	a que (con verbos de movimiento: venir, ir, salir, entrar, llegar)	<u>Vine a</u> preparar un informe. <u>Fui a que me dieran</u> los resultados del examen.
para	para que	María estudia español <u>para poder</u> trabajar en Colombia. Estaba buscando un profesor <u>para que le explicara</u> el ejercicio.
A fin de, con el fin de	A fin de que, con el fin de que	<u>A fin de resolver</u> la situación, hablamos con el director.
Con vistas a	Con vistas a que	<u>Con vistas a que todos estén</u> enterados de las ponencias, enviaremos por correo electrónico.
Con la intención de, con el objeto de, con el propósito de	Con la intención de que, con el objeto de que, con el propósito de que	<u>Con el propósito de que todos tengan</u> acceso a la conferencia, se trasmitirá por teleconferencia.

C. Cláusulas adverbiales de concesión

Estas cláusulas concesivas expresan una objeción, dificultad u oposición a la oración principal; pero no impiden el cumplimiento de ésta. Se construyen en infinitivo, indicativo o subjuntivo según la intención del hablante.

Ej.: No iré **aunque me supliquen.**
Pese a que ellos llegaron a tiempo, no les permitieron subir al avión.
Conjunciones o conectores de concesión:

Subjuntivo/indicativo	Subjuntivo/indicativo	Infinitivo
A pesar de que…		Pese a…
Pese a que…		A pesar de …
		Pese a llevar trabajando 10 años en esa empresa, ella quiere renunciar.
Por mucho, a, os, as + sust + que… ***Por mucho que estudie***, nunca ganaré los exámenes.	AUNQUE…	**Subjuntivo**
Por más + sust + que… **Por más adornos que le ponga**, nunca se verá bonita la casa.	*Cambié mi computador a pesar de que me habían advertido de que esa nueva marca no era confiable.*	Por + adj. + que… ***Por complicado que*** parezca, tendremos que resolverlo.
		Por muy + adj. + que… ***Por muy costoso que sea*** el libro, lo tenemos que comprar.
Indicativo Si bien… ***Si bien este sistema necesita*** mucho cuidado, es el más confiable del mercado.	**Gerundio: Aun + gerundio…** ***Aun teniendo la razón***, ella ofreció disculpas.	Por poco, a, os, as + sust + que … ***Por poco que cuesten*** las medicinas, para mí son muy caras.

D. Cláusulas Adverbiales de Tiempo

Estas cláusulas expresan el tiempo de la acción de la oración principal, que puede ser inmediata, repetida, anterior, posterior o simultánea. Se construyen en Indicativo o Subjuntivo según la intención del emisor.

Ej.: ***Cuando tenga un buen trabajo***, me casaré.
Cada vez que veas las fotos te acordarás de este maravilloso lugar.

Funciones	Acción inmediata	Acción repetida	Acción anterior	Acción posterior	Origen y límite de la acción	Acción simultánea
	En cuanto Tan pronto como Al Apenas	Cada vez que Siempre que	Antes de Antes de que	Después de Después de que	Desde que Hasta que	Mientras Mientras tanto

Nota: podemos usar ***cuando*** en el sentido de "en el momento en que"

Gramática

Uso:

cuando, en cuanto, cada vez que, apenas, siempre que, desde que, hasta que	+	SUBJUNTIVO PRESENTE	Para indicar **Futuro** **Cuando** escuche esa melodía, me acordaré de ti.
cuando, en cuanto, mientras, cada vez que, apenas, siempre que, desde que, hasta que	+	**INDICATIVO**	Para indicar **Presente o Pasado** Cuando escucho esa melodía, me acuerdo de ti. Cuando escuchaba esa melodía, me acordaba de ti.

5 Condicional simple de Indicativo

A. ¿Cómo se forma?

	Terminación	Verbos regulares		Verbos irregulares*			
Yo	-ía			caber	cabría	querer	querría
Tú, vos	-ías			decir	diría	saber	sabría
Usted	-ía	ayudar	ayudaría	haber	habría	salir	saldría
Él /ella		caer	caería				
Nosotros /as	-íamos	oír	oiría	hacer	haría	tener	tendría
Vosotros / as	-íais			poder	podría	valer	valdría
Ustedes, ellos, ellas	-ían			poner	pondría	venir	vendría

El condicional simple se forma con el verbo **en infinitivo + las terminaciones acentuadas específicas para este tiempo verbal.**

*Hay doce verbos irregulares para el condicional simple. Son los mismos del futuro simple.

B. Usos

1. Para recomendar y dar consejos.
*Yo (en tu lugar) no lo **haría** así.*
Deberías relajarte y descansar.

2. Para formar oraciones condicionales poco probables o contrarias a la realidad.
Si estudiaras, **ganarías** el examen.
Si tuviera dinero, **viajaría** por todo el mundo.
Si fueras organizado, no **perderías** las cosas.

3. Para hacer suposiciones sobre el pasado.
Julia no llegó, **estaría** ocupada.
No pudieron llegar a tiempo, **perderían** el avión

4. Para hacer una petición con cortesía.
¿Podrías acompañarme al banco?
¿Le **importaría** si apago la luz?
¿**Tendría** usted para cambiarme este billete?

5. para declarar algo en forma hipotética.
Yo creo que **serías** una gran escritora.
Lo **haría** pero con tu ayuda.

6 Pronombres relativos

Los pronombres relativos son palabras que nos sirven para formar oraciones subordinadas adjetivas. De esta manera, caracterizan a un sustantivo (personas,
animales o cosas) denominado ANTECEDENTE. Por medio de estos pronombres, elaboramos unidades más complejas. Sin los pronombres relativos, las oraciones suenan separadas y con escasa cohesión. Los pronombres relativos cumplen una función adjetiva. Se usan para modificar, caracterizar, explicar o especificar.

QUE es el pronombre más usado y se refiere a personas, animales y cosas.
Ejemplos:
Compramos el blackberry **que** nos recomendaste.
Hablamos con el abogado **que** está encargado de ese caso.

Se usan para modificar (caracterizar, explicar o especificar):	Pronombres:	Ejemplos:
Personas o cosas	*que*	Compramos el blackberry **que** nos recomendaste. Hablamos con el abogado **que** está encargado de ese caso.
Personas 1. (Se utiliza con una coma) 2. (después de una preposición sin coma)	*quien* *quienes*	El señor Pérez, **quien** es experto en mundos virtuales, llegó de Ecuador. Le presenté la chica **con quien** viajé a Buenos Aires
Personas o cosas (después de una preposición)	*el cual, el que* *la cual, la que* *los cuales, los que* *las cuales, las que*	El técnico **del que** te hablé ayer también conoce de Telecomunicaciones. Ese es el programa **con el cual** tendremos que trabajar.
Una idea previa (se utiliza una coma)	lo *que* lo *cual*	Ha habido un cambio en las políticas, **lo que** ha traído descontento a los empleados. Dijo que volvería, **lo cual** me tiene muy preocupado
Un antecedente desconocido	*lo que*	**Lo que** dijo el asesor no lo entendí. Háblame sobre lo que piensas.
Un poseedor (mantienen concordancia con la posesión y no con el poseedor)	*cuyo* *cuya* *cuyos* *cuyas*	Ese es el profesor **cuya** novela ha sido traducida a varios idiomas. Marie es la estudiante **cuyos** documentos están extraviados. Es un curso cuya finalidad sea capacitar en el uso de nuevas tecnologías
Totalidad de algo (aunque no es muy usado en el habla oral, sí en la escrita)	*Cuanto, cuantos, cuanta, cuantas*	Te prestaré **cuanto** dinero necesites. Me tomaré **cuanto** tiempo sea necesario. Adoptaremos Todo cuanto sirva para unir
lugares	*Donde, adonde*	Devuélvelo **donde** lo hayas encontrado. Ve **adonde** creas que haya que ir.

Glosario

Glosario del Tomo III en español e inglés

El presente glosario incluye las palabras activas que se practican en los capítulos 13 al 18, que comprenden el Tomo III de *Maravillas del Español*. Además presenta algunas de las palabras pasivas o de reconocimiento como ayuda para aumentar el léxico. Las palabras y expresiones de este glosario están traducidas según el contexto en que aparecen en *Maravillas del Español*.

Las entradas contienen la siguiente información: en color negro, el vocabulario en español **(ambiente)**; en color rojo, los artículos definidos e indefinidos **(el)** correspondientes a los sustantivos; en negro, el número que remite al capítulo donde la palabra se usa por primera vez (9); en color azul, la categoría gramatical: adjetivo (sust.), adverbio (adv.), preposición (prep.), pronombre (pron.), sustantivo (sust.) y verbo (v.); también van en color azul las abreviaturas que indican conjunciones (conj.) y expresiones (exp.). Por último, en color verde, el vocabulario en inglés **(environment)**. La abreviatura ind. significa: indefinido. Las expresiones y palabras relacionadas con éstas, se presentan al final (ambiente laboral, working environment).

Modelo

La conjugación de verbos en el tiempo pretérito y el uso de preposiciones, conjunciones, artículos, pronombres, sustantivos, adjetivos y adverbios se explican en detalle en la sección de este libro llamada "Esquema gramatical".

A

Abdominales, los (14) sust. Sit-ups
Aburrir (13) v. to get bored, to bore
Acercamiento, el (18) sust. bringing together, rapprochement
Acoger (16) v. to take in, to accept, to admit
Acotar (15) v. to delimit, to annotate
Acuerdo el (13) sust. Agreement
Adecuado/a (18) adj. appropriate, suitable
Adelgazamiento, el (13) sust. Slimming
Afiche, el (14) sust. Poster
Afiliarse (18) v. to become a member
Afinado (15) adj. past part. Tuned
Afónico/a (14) adj. To lose one´s voice
Aguacero, el (13) sust. Downpour, shower
Aguantar (16) v. to tolerate
Alarmarse (14) v. to be alarmed
Alcance, el (18) sust. reach, scope
Alegrarse (13) v. to be glad
Alegría, la (17) happiness, joy
Alérgico/a (14) adj. To be allergic to something
Alerta, la (14) sust. Alert
Algodón, el (16) sust. cotton
Alineado/a (14) adj. Lined up
Aliño, el (15) sust. seasoning
Almacenamiento, el (17) sust. storage
Almohada, la (14) sust. Pillow
Alrededor de (13) loc. Prep. About, around

Alza, el (13) sust. rise
Amanecer (17) v. to dawn, to get light
Ambiente el (13) sust. Environment
Ámbito, el (18) sust. sphere, field
Ambos/as (16) adj. y pron. Pl. both
Ampliada/o (15) adj. expanded
Animarse (13) v. to cheer up
Anochecer (16) v. to get dark
Ansiedad la (13) sust. Anxiety
Anunciante, el (18) sust. adviser
A pesar de (13) loc. Conjunt. In spite of
Apetecer (13) v. to feel like
Aporte, el (17) sust. contribution
Apoyada/o (15) adj. supported
Aprovechar (13) v. to take advantage, to use
Apuntar (18) v. apuntar con una pistola: to point/aim a gun at somebody
Archivar (18) v. to save, to file
Archivo, el (16) sust. file
Armar (16) v. to pitch, to put up
Arrendamiento, el (16) sust. renting, leasing
Arriesgarse (13) v. to risk
Arrojar (16) v. to throw
Artefacto, el (18) sust. device
Asesorar (17) v. to advise, asesor, el (18) sust. adviser
Aseverar (18) v. to assert, state
Asfixiado/a (14) adj. Asphyxiated
A simple vista (15) loc. With the naked eye

Asombroso (15) adj. Amazing, astonishing; asombrado (18) adj. amazed, astonished
Aspiradora, la (14) sust. Vacuum cleaner
Áspera/o (16) adj. rouge, abrupt
Asunto, el (15) sust. matter
Atar (16) v. to tie
Atardecer, el (16) sust. disk, sunset
Atentar contra (13) v. attempt on
Aterrizar (17) v. to land
Ausente (15) adj. absent
Automedicarse (14) v. to self-administer medicine
Avalar (13) v. to guarantee
Avanzar (15) v. to advance, to move forward
Avisar (18) v. to inform, to warn, to call
Aviso, el (17) sust. notice

B

Bancarrota, la (18) sust. bankruptcy
Baño turco, el (14) sust. Turkish bath
Barba, la (15) sust. beard
Barco de vapor, el (18) sust. steamboat, steamer
Barriga, la (14) sust. Belly, paunch
Baúl, el (15) sust. trunk
Bebida aromática, la (14) sust. Herbal tea, infusión
Bitácora, la (18) sust. blog, binnacle
Blogósfera, la (18) sust. blogosphere

Boca, la (14), sust. Mouth
Bolsillo, el (17) sust. pocket
Bote, el (16) sust. boat
Bóveda, la (16) sust. vault; bóveda de seguridad: bank vault
Brazo, el (14) arm
Broma, la (13) sust. Joke
Bronquio, el (14) sust. Bronchial tube
Brújula, la (15) sust. compass
Buitre, el (16) sust. vulture
Búsqueda, la (13) sust. search

C

Caber (17) v. to fit
Cadera, la (14) sust. Hip
Caída, la (17) sust. fall
Cal, la (16) sust. lime
Caligrafía, la (16) sust. writing, handwriting
Callejera/o (18) adj. manifestación callejera: street demonstration
Camilla, la (14) sust. couch
Campamento, el (16) sust. camp
Campesino/a, el/la (15) sust. country man/woman, peasant
Cantautor/a, el/la (16) sust. singer-songwriter
Cantina, la (15) sust. bar, canteen
Cargo, el (17) sust. charge, post; hacerse cargo de algo: to take charge of something
Carril, el (17) sust. lane, rail
Cartel, el (14) sust. Poster; (afiche) poster
Casco, el (15) sust. helmet
Cautiva/o (18) adj. captive
Cazar (16) v. to hunt
Ceja, la (14) sust. Eyebrow
Cerebro, el (14) sust. brain
Certamen, el (15) sust. competition, contest
Cintura, la (14) sust. Waist
Círculos, los (18) sust. Circles; scientific circles
Clavo, el (15) sust. nail
Codo, el (14) sust. Elbow
Cofre, el (15) sust. Chest, jewelry box
Cojín, el (15) sust. cushion
Cola, la (15) sust. tail
Colgar (15) v. to hang
Colosal (18) adj. great, fantastic, colosal

Compartir (18) v. to share
Cómplice, el/la (15) sust. accomplice, accessory
Comportarse (16) v. to behave
Comprimir (17) v. to compress, to compact
Compromiso, el (15) sust. engagement, commitment
Conciliar el sueño (18) v. to get to sleep
Concurso, el (15) competition, contest
Confiable (14) adj. Reliable
Confiar (13) v. to trust; Confiarse: to be overconfident
Congestión nasal, la (14) sust. Blocked nose
Conocimiento, el (18) sust. knowledge
Consejo, el (16) sust. advice
Consignar (16) v. to deposit
Contaminación la (13) sust. Pollution

Contar con (13) to have, to count, to rely on
Convencer (17) v. to convince
Convertirse (15) v. to become
Convocar (18) v. to summon, to call
Corazón, el (14) Heart
Cordón, el (16) sust. cord
Creencia, la (16) sust. belief
Criptografía, la (13) sust. Cryptography
Cubrimiento, el (18) sust. coverage
Cuello, el (14) sust. Neck
Culebra, la (14) sust. Snake
Cultivo, el (16) sust. farming, cultivation

CH

Chancho, el (15) sust. pig
Chocar (13) v. to annoy

D

Dañar (15) v. to damage, to harm; daño, **el** (18) sust. damage
Debatida/o (15) adj. past part. Debated
Debido a (17) loc. prep due to
Debilidad, la (14) sust. Weakness
Decaído/a (13) adj. Low, down
Decretar (17) v to decree
Dedo, el (14) sust. Finger and toe
Defensor/a, el/la (18) sust. defender, champion
De fondo (15) loc. Adj. in essence, in-depth
Dejar de (13) v. to stop
Denunciar (18) v. to press, bring charges, to report
Deprimido/a (14) adj. Depressed
Derechos humanos, los (18) sust. human rights
Derramar (16) v. to spill
Derribar (16) v. to knock down, to cut
Desactivada (15) adj. or past part. Defused, deactivated
Desacuerdo el (13) sust. disagreement
Desalentado/a (14) adj. Discouraged
Desarrollar (13) v. to develop; desarrollo, **el** (18) sust. development
Descifrar (13) v. to decode, to decipher
Descompuesta (14) adj. Rotten (comida descompuesta, rotten food)
Desconocido (15) adj. unknown
Descortés (16) adj. impolite, rude, discourteous
Desenlace, el (15) sust. Ending, denouement
Deseo, el (16) sust wish
Desequilibrio el (13) sust imbalance
Deshacer (14) (16) v. to undo, to untie, to melt, to destroy, to dissolve
Desinflamar (14) v. to reduce or cure the inflammation
Desnudarse (17) v. to undress, to take one's clothes off
Despejada (14) adj. Clear, cloudless
Destacarse (16) v. to distinguish, to stand out
Desventaja, la (18) disadvantage
Desviarse (17) v. **to go off course, to take off**
Detener (13) v. **to stop**
De todos modos (13) **anyway**

Deuda, la (16) sust. debt
Devolver, devolverse (13) v. to get back, return, to take back (18)
Diarrea, la (14) sust. Diarrhea
Dictadura, la (16) sust. dictatorship
Dictar (17) v. to give, to deliver (a conference)
Diente, el (14) sust. Tooth, dientes, teeth
Disculpa, la (18) sust. apology; disculpar: to excuse
Discurso, el (17) sust. speech
Disfrazar (18) v. to disguise
Disponible (17) adj. available
Dispositivo, el (17) sust. device
Dispuesto (15) adj. prepared, ready
Divulgar (18) v. to spread, to circulate
Doblar (13) v. to bend
Dolencia, la (14) sust. Ailment, complaint
Doler (14) v. to hurt
Dorso, el (17) sust. back

E

Ejecutiva/o, el/la (18) executive
Elevar (14) v. to lift
Emoción, la (17) sust. emotion, excitement
Empeorar (13) v. to get worse
Empresa, la (18) sust. company, firm, task, enterprise
Endeudarse (18) v. to get into debt
Enfadarse (13) v. to get angry, to get cross
Encerrado (17) adj. housebound
Encierro, el (15) sust. shutting
Enfrentar (13) v. to confront, to face up to
Enlazar (18) v. to link, to connect, to tie
Enorgullecer (18) v.to be proud,
Enterrarado (15) adj y participio buried
Entonces (16) adv. Then; en aquel entonces: in those days
Entorno el (13) sust. Environment
Entrada, la (15) sust. ticket
Entrega, la (15) sust. presentation
Entretenido/a (16) adj. amusing, entertaining
Entretenimiento, el (18) sust. entertainment
Equivaler (13) v. to be equivalent
Erradicar (13) v. to erradicate
Escalar (16) v. to climb
Escalofrío, el (14) sust. Shiver; to be shivering (tener escalofrío).
Escaso/a (18) adj. limited, poor
Escudo, el (15) sust. shield; escudo de armas: coat of arms
Escultura, la (15) sust. sculpture
Escupir (16) v. to spit
Espalda, la (14) sust. Back
Esperanza, la (13) sust. hope
Espesura, la (16) sust. vegetation
Esquina, la (16) sust. corner
Estadía , la (13) sust. Stay
Estado de ánimo, el (13) sust. moods
Estiramiento, el (14) sust. Stretching
Estruendo, el (16) sust. roar, racket, crash
Evitar (13) v. to avoid

Glosario

Exigencia, la (16) sust. demand, requirement
Exigir (17) v. to demand, to require
Éxito, el (15) sust. success
Extrañar (13) v. to be surprised; extrañar a alguien (15): to miss somebody
Extraviada/o (16) adj. lost, missing

F

Faceta la (13) sust. Side, aspect, facet
Facial (13) adj. Facial, face
Factible (17) adj. posible, feasible
Facultad, la (18) sust. Faculty
Fallar (17) v. to fail, to go wrong
Fanático/a (18) adj. fan
Fantasma, el (15) sust. ghost
Farándula, la (18) sut. Show business people
Faraón, el (16) sust. pharaoh
Fatalidad, la (17) sust. fate, misfortune
Fieles, los (15) sust. pl. congregation
Fingir (16) v. to pretend, to feign, to fake
Flipar (13) v. to love
Fonda, la (18) sust. cheap restaurant, boarding house, refreshment stand
Fortalecer (14) v. to strengthen
Frente, la (14) sust. forehead
Frutera, la (13) sust. Fruiterer, fruit seller
Fuente, la (15) sust. vessel

G

Ganador (17) adj. winning; sust. winner
Garganta, la (14) sust. Throat
Garza, la (16) sust. heron
Gastos, los (16) sust. pl. expenses
Genial (17) adj. great, brilliant
Gestión, la (18) sust. management, administration, process
Golpe, el (14) sust. Blow; golpe de estado (16) coup d´état
Gorra, la (15) sust. cap
Gozar (13) v. to enjoy; gozar de buena salud: to enjoy good health; to be in good health
Grabadora, la (17) sust. tape recorder; grabar (18) v. to record
Gracias a (17) loc. prep. thanks to; due to
Grano, el (14) sust. Grain (cereal)
Grasa la (13) sust. Fat; grasa saturada, saturated fat
Guardián, el (15) sust. Guard, watchman
Guerra sucia, la (18) sust. dirty war
Guionista, el/la (16) sust. scriptwriter

H

Habitar (16) v. to live, to live in
Hábito, el (13) sust. habit
Hacha, el (16) sust. axe

Hallar (15) v. to find
Hallazgo, el (18) sust. find, discovery
Harina, la (14) sust. Flour
Herencia, la (16) sust. inheritance
Herradura, la (15) sust. horseshoe
Herramienta, la (18) sust. tool
Hipervínculo, el (18) sust. hyperlink
Hipotecar (15) v. to mortgage, to jeopardize
Huella, la (18) sust. footprint, track, trace, sign
Hueso, el (14) sust. Bone
Huésped, el (16) sust. guest

I

Inalámbrico (17) adj. wireless
Infrarrojo/a (17) adj. infrared
Impedir (13) v. to prevent, to impede
Impensable (17) adj. unthinkable, inconceivable
Implemento, el (13) sust. Implement, tool; Implemento deportivo: sports equipment
Implicar (13) v. to involve, to impla
Imponerse (18) v. to impose, to prevail
Importar (13) v. to concern, to matter
Impredecible (18) adj. impredictable
Imprimir (18) v. to print
Impulsar (15) v. to promote
Inclinarse (14) v. to lean
Incrédulo/a (15) sust. skeptic; disbeliever; adjective: skeptical
Incrementar (17) v. to increase
Indeseable (18) adj. undesirable
Indecisa/o (18) adj. indecisive, undecided
Índice, el (14) sust. Index finger
Indispuesto/a (14) adj. Ill
Inédito/a (16) adj. unpublished
Infaltable (15) adj. ever present, that cannot miss
Infarto, el (13) sust. Heart attack
Informe, el (16) sust. report
Inmerso/a (18) adj. immersed, absorbed
Inolvidable (18) adj. unforgettable
Inscribir (17) v. to register, to enroll; inscrito: registed
Insomnio, el (14) sust. Insomnia, sleeplessness
Integral (14) adj. wholewheat
Integridad física, la (18) sust. personal safety
Intestino, el (14) sust. Intestine
Inundación, la (16) sust. flood
Inversión, la (15) investment
Irritación, la (14) sust. Irritation
Itinerario, el (13) sust. Itinerary, route

J

Jarabe, el (14) sust. Cough mixture or syrup
Jornada, la (14) sust. Working day , period of time
Joya, la (16) sust. piece of jewelry, jewel
Judío (15) adj. Jewish
Jungla, la (15) sust. jungla

L

Labio, el (14) sust. Lip
Laguna, la (16) sust. lake, pool
Lamentar (13) to regret
Lancha, la (14) sust. motorboat
Lanzarse (16) v. to throw oneself
Lástima, la (13) sust. Shame, pity, sorry; es una lástima: it is a shame, pity
Legar (16) v. to bequeath, to leave
Lentitud, la (17) sust. slowness
Ley, la (17) sust. law
Liberación, la (15) sust. release
Libretista, el/la (15) sust. scriptwriter, librettist
Liebre, la (15) sust. hare
Logro el (13) sust. Achievement, attainment
Loza, la (15) sust. crockery
Lucero, el (16) sust. bright star; (lit) eyes

LL

Llavero, el (15) sust. key ring
Llenura, la (14) sust. fullness
Llevar a cabo (17) v. to carry out

M

Madera, la (16) sust. Wood
Madrugar (17) v. to get up very early
Mandíbula, la (14) sust. Jaw
Manipular (16) v. to andel, to manipulate
Mantenerse (13) v. to keep; mantyenerse en forma: to keep fit
Mareado/a (14) adj. Sick, queasy
Masticar (13) v. to chef
Mediado/a (18) past part. mediated
Medio, el (18) sust. means
Medir (13) v. measure
Mejilla, la (14) sust. Check
Mejorar (13) v. to make better, to improve
Mellizo/a, el/la sust. twin
Mentón, el (14) sust. Chin
Mercar (14) v. to get food at the supermarket
Mezcla, la (16) mixing
Milenaria (16) adj. thousan-year-old; millenial
Mochila, la (16) sust. backpack, shoulder bag
Mojar (15) v. to get wet
Montar (17) v. to mount (a film)
Morral, el (13) sust. Backpack
Muela, la (14) sust. Back tooth, molar
Muleta, la (14) sust. Crutch
Multitud, la (16) sust. crowd
Muñeca, la (14) sust. Wrist
Músculo, el (14) sust. muscle

N

Nariz, la (14) sust. Nose
Náusea, la (14) sust. Nausea, sickness
Navegante, el (18) sust. mariner, navigator
Niñería, la (14) sust. Childish thing
Nudo, el (16) sust. knot

O

Obesidad, la (13) sust. obesity
Obra, la (15) sust. work; obra de arte: work of art
Ocultar (17) v. to conceal, to hide
Ofrenda, la (16) sust. offering
Oído el (13) sust. Ear
Ombligo, el (18) sust. navel, "el ombligo del mundo": the center of the universe
Onda, la (17) sust. wave
Oportuno/a (16) (18) adj. appropriate
Oreja, la (14) sust. Ear
Ornitólogo/a, el/la (18) sust. ornithologist, bird-watcher
Oxidado (15) adj. y past part: rusty

P

Pago, el (18) sust. payment
Palma de la mano, la (17) sust. palm
Paloma, la (16) sust. pigeon
Palta, la (15) sust. avocado
Pantalla, la (18) sust. screen, monitor
Pantano, el (13) sust. Marsh, swamp
Papel de aluminio, el (17) sust. tinfoil, aluminum
Paracaídas el (16) sust. parachute
Paro cardíaco, el (13) heart failure
Partida de póquer, la (18) sust. poker game
Partir (17) v. to leave, to depart
Parto, el (16) sust. labor, birth
Pasabolas, los (14) sust. Snacks
Pascua, la (18) sust. Easter
Pastilla, la (13) sust. Pill, tablet
Patentar (18) v. to register, to patent
Pato/a, el/la (16) sust. duck
Patrimonio, el (18) sust. heritage, wealth
Pausa activa, la (14) sust. Active break
Pecho, el (14) sust. Chest
Pedante (17) adj. pedantic, conceited, bigheaded
Pendiente (13) adj. unresolved
Perdiz, la (15) sust partridge
Perfil, el (18) sust. profile
Pergamino, el (16) sust. scroll
Perjudicar (15) v. to damage, to harm
Persiana, la (14) sust. Blind
Pertenencias, las (16) sust. pl. belongings, possessions
Pesar (15) v. to weigh
Picadura, la (13) sust. Bite
Picazón, la (14) sust. Itch
Piel, la (14) sust. Skin
Pierna, la (14) sust. Leg

Pieza, la (15) sust. piece
Pisada, la (18) sust. footstep, footprint
Pista, la (13) sust. Track
Poblamiento, el (16) sust. settlement
Pómulo, el (14) sust. Cheek, cheekbone
Poniente, el (15) sust. west, sun
Por culpa de (17) loc. prep. Because of
Portátil, el (17) sust. laptop; adj. portable
Poseedor, el (18) sust. owner
Postura, la (13) sust. position
Preocuparse (13) v. to worry, to get worried
Presionar (14) v. to press
Presión arterial, la (13) sust. Blood pressure
Prestar (18) v. to borrow
Presupuesto, el (15) sust. budget
Prever (18) v. to foresee, to anticipate
Pronóstico, el (15) sust. forecast; pronóstico del tiempo: the weather forecast
Propiciar (18) v. to bring about
Propiedades las (13) sust pl. proprieties
Proponerse (17) v. to Intend., to decide
Puente colgante, el (15) sust. suspensión bridge
Puesto de salud, el (17) sust. health office
Puesto que (17) conj. Since, as
Pulmón, el (14) sust. Lung
Pulmonía, la (16) sust. pneumonia
Pulso, el (14) sust. Pulse
Punto de vista, el (18) sust. viewpoint, point of view

Q

Quebrada, la (15) sust. stream
Quechua, el (16) sust. language of the Incas
Quedarse (13) v. to stay
Quitar (13) v. to get rid of, to go away,
Quizás (13) Adverb.. perhaps, maybe

R

Radicarse (17) v. to settle
Raíces, las (13) sust. Roots, foundation
Rama, la (17) sust. Branch
Rapar (17) v. to crop, to shave
Rapidez, la (17) sust. speed, rapidity
Recaer (13) v. to relapse
Reclamo, el (18) sust. complaint
Recoger (18) v. to pick up
Recopilar (17) v. to compile, to gather together
Recuperarse (14) v. to recover
Recurso, el (15) resource
Rehén, el (15) sust. hostage
Relajarse (14) v. to relax
Relato, el (16) sust. account, story
Remojar (15) v. to soak
Repercusión, la (18) sust. impact
Repertorio, el (15) sust. repertoire, repertory
Reposar (15) v. to stand, to rest; (18) to lie
Resfriado, el (14) sust. Cold
Resonar (15) v. to resound, to echo
Resto, el (16) sust. remain; restos humanos: mortal remains

Resumido/a (15) adj. summarized
Reto, el (15) sust. challenge
Retroceso, el (17) sust. backing down, reverse, backward step
Riesgo, el (13) sust. risk
Riñón, el (14) sust. kidney
Riqueza, la (18) sust. wealth
Rodilla, la (14) sust. Knee
Rueda de prensa, la (17) sust. press conference

S

Sacar (18) v. to take out, to get out
Sala de pesas la (13) sust. weight-lifting room
Salir bien/mal (17) v. to come out well/badly, To go right
Salirse con la suya (18) loc. to get his/her/their own way
Saludable (14) adj. Healthy
Sanar (17) v. to heal, to cure, to get well
Sangrar (14) v. to bleed
Satisfecho (13) adj satisfied, pleased
Secarse (16) v. to dry up
Seguir (13) v. to follow; seguir instrucciones al pie de la letra: to follow instructions to the letter
Señal, la (14) sust. Sign
Ser, el (17) sust. being; los seres vivos: living beings
Ser capaz (17) v. to be able
Serenata, la (15) sust. serenade; llevar o dar serenatas: to serenade
Sigla, la (17) sust. abbreviation
Sincrónico/a (18) adj. synchronous
Sobre, el (13) sust. Envelope
Sobrepasar (13) v. to exceed
Sobrepeso, el (14) sust. Excess weight
Soga, la (18) sust. rope
Soltar (18) v. to let go, to release
Sonrojarse (18) v. to blush
Soporte, el (15) support
Sorprenderse (13) v. to be surprised
Subasta, la (15) sust. auction
Subida, la (15) sust. rise, clima
Suelo, el (17) sust. floor, ground
Suero antiofídico, el (14) sust. Anti-ophidic serum
Superar (13) v. to overcome
Supervivencia, la (13) sust. Survival
Suspender (14) v. to stop, to suspend
Sustentarse (13) v. to uphold, maintain

T

Tabaquismo, el (13) sust. Smoking
Telenovela, la (15) sust. soap opera
Tener en cuenta (15) v. bear in mind
Tirado/a (13) participio to be lying down
Tirar (17) v. tirar de: to pull; tirar: to throw
Título, el (16) sust. title; título de propiedad: title deed
Tobillo, el (14) sust. Ankle
Torcido/a (15) adj. crooked; el cuadro está torcido: the Picture isn´t straight
Tormenta, la (13) sust. Storm
Tos, la (14) sust. Cough

Glosario

Tramar (15) v. to plot
Trámite, el (15) sust. Procedure
Transmitir (15) v. to broadcast
Trastorno, el (13) sust. Disorder, disruption
Tratamiento el (13) sust. Treatment
Trayecto, el (16) sust. journey, route
Tristeza, la (13) sust. Sandez, sorrow
Tronco, el (16) sust. trunk
Trotar (13) v. to jog
Trueque, el (16) sust. barter
Turno el (13) sust. Turn, duty; estar de turno, to be on duty
Tutearse (17) v. to address somebody using the familiar tú

U

Ubicado/a (18) adj. Past part. Located, situated
Usuario, el (13) sust. User
Útil (18) adj. useful
Utilidad, la (18) sust. usefulness

V

Vacunarse (14) v. to get vaccinated
Valer (16) v. to be worth, to cost
Venado, el (16) sust. deer
Veneno, el (14) sust. Poison
Ventaja, la (18) sust. advantage
Vertiginoso (18) adj. vertiginous, giddy, dizzy
Vestuario, el (15) sust. wardrobe
Vigilar (17) v. to watch, to keep watch
Vínculo el (13) sust. Tie, bond
Violar (18) v. to violate, to break
Vómito, el (14) sust. Vomit, vomiting
Voz, la (17) sust. voice

CRÉDITOS FOTOGRÁFICOS
TEXTO GUÍA VOLUMEN 3

BANCOS DE IMÁGENES

AGENCIA EFE
- © Agencia EFE; ALEJANDRO SANZ, efephotos100676
- © Agencia EFE; ERNESTO SÁBATO, efesptwo153519
- © Agencia EFE; ISABEL ALLENDE, efespsix599110
- © Agencia EFE; JORGE LUIS BORGES, efesptwo099561
- © Agencia EFE; JUANES, efephotos100700
- © Agencia EFE; JULIO CORTÁZAR, efespfive138573
- © Agencia EFE; MADRES DE LA PLAZA DE MAYO, efespfive590389
- © Agencia EFE; MANUEL PUIG, efespseven481214
- © Agencia EFE; MUJERES ESCRITORAS, efesptwo509664
- © Agencia EFE; PABLO NERUDA, efespfour748144
- © Agencia EFE; RICKY MARTIN, efespsix642588
- © Agencia EFE; SHAKIRA, efespsix809933
- © Agencia EFE; VIOLETA PARRA, efesptwo036437
- © Juan Herrero/EFE/EFEVISUAL; PENÉLOPE CRUZ, efespseven412713
- © ZUMA Press/EFEVISUAL; JOSE DONOSO, zumaamericastwo037161

FOTOLIA
- © Andrey Armyagov/Fotolia.com; Fat man eating hamburger
- © Anibal Trejo/Fotolia.com; Casa Rosada building facade located at Mayo Square
- © Apops/Fotolia.com; Jubilant young man and woman
- © Ariane Citron/Fotolia.com; Descendante inca
- © Ariane Citron/Fotolia.com; Iglesia de la Compañía de Jesús, Plaza de Armas, Cuzco
- © Ariwasabi/Fotolia.com; Weight loss fitness woman jumping
- © Artincamera/Fotolia.com; Mountain Reflections, Ushuaia, Tierra del Fuego, Argentina
- © Blas/Fotolia.com; Walking exercise
- © Christophe Fouquin/Fotolia.com; Regard concentré d'un pilote de course automobile
- © Corepics/Fotolia.com; Restaurant dinner
- © Dale Mitchell/Fotolia.com; It takes two to tango
- © David Davis/Fotolia.com; Iguassu Falls is the largest series of waterfalls on the planet
- © Deborahatl/Fotolia.com; A Maya Shaman Statue
- © Dmitry Pichugin /Fotolia.com; Torres del Paine, Patagonia, Chile
- © Dr.Simba/Fotolia.com; Bota
- © EuToch/Fotolia.com; Last hope
- © Eva Lemonenko/Fotolia.com; Îles flottantes Uros sur le lac Titicaca
- © Fotoperle/Fotolia.com; Alte Kamera-Belfoco
- © Franck Boston/Fotolia.com; Ordinateur vintage 2
- © Galina Barskaya/Fotolia.com; Easter island
- © Gerardo Borbolla/Fotolia.com; Mexico
- © Gina Sanders/Fotolia.com; Altes Telefon
- © Giuseppe Porzani/Fotolia.com; Radio antica
- © Gleb Semenjuk/Fotolia.com; Fruit and vegetable textures
- © Igor Mojzes/Fotolia.com; Healthy and unhealthy choices
- © Ildi/Fotolia.com; Traditional Peruvian dish called Pachamanca
- © Jaimie Duplass/Fotolia.com; Morbidly Obese Fat Child on Scale
- © Jgz/Fotolia.com; Nazca Lines Peruvian Desert
- © Katrina Brown/Fotolia.com; Vintage 1950 TV Television Isolated on White
- © Kirill Kedrinski/Fotolia.com; Portrait of businesswoman holding her tablet computer and commun
- © Ktsdesign/Fotolia.com; Laser Writes Information (CD, DVD, Blu-Ray)
- © Kwest/Fotolia.com; Busy traffic in Santiago, Chile with the Andes in the background
- © Leeloo/Fotolia.com; Arequipa
- © Light Impression/Fotolia.com; Fotolia Frau mit Maßband um Hüfte
- © Maridav/Fotolia.com; Hikers in forest
- © Mrgarry/Fotolia.com; Digital camera image on white background